大是文化

權威效應

The Authority Advantage

沒見過面，為什麼他說的話你都信？

富比士出版社執行長親授，
如何傳遞訊息，你說的話大家都信。

富比士出版社創辦人、執行長
亞當・維蒂
ADAM WITTY

富比士圖書高級行銷策略師
魯斯蒂・謝爾頓
RUSTY SHELTON

——著

朱家鴻－譯

目錄

各界讚譽

「《權威效應》提供了一套傳遞訊息、分享訊息的框架，既簡單又有效。」

——艾倫．穆拉利（Alan Mulally），波音民用飛機集團（Boeing Commercial Airplanes）、福特汽車公司（Ford Motor Company）前執行長

「在本書中，兩位作者用風趣的方式教導讀者如何影響眾人。」

——克萊爾．史普曼（Claire Shipman），記者、《紐約時報》（*The New York Times*）暢銷書作家

「本書觀點別具一格，讓主管可以利用自身領導地位，替利害關係人創造更多利益。」

——葛瑞格．布藍諾門（Greg Brenneman），漢堡王（Burger King）、Quiznos 潛艇堡（Quiznos Subs）前執行長、美國大陸航空（Continental Airlines）前營運長

「我寫過一百本書，每天都會收到領導者的來信，請我傳授與世人分享自身故事、熱忱與知識的方法。遇到這種情況，我的提議都是讓他們去讀《權威效應》！」

——帕特・威廉斯（Pat Williams），NBA名人堂成員、奧蘭多魔術隊（Orlando Magic）創辦人、《教練的教練》（*Who Coached the Coaches*）作者

「所有想在自身領域有所作為的領導者，都要好好拜讀此作。」

——史提夫・富比士（Steve Forbes），《富比士》（*Forbes*）雜誌總編輯

推薦序一

權威，專家不想告訴你的獲利工具

臺灣B2B業務權威、威煦軟體開發公司總經理／吳育宏

媒體環境不斷演化，個人、企業、組織做好「行銷」的方式也在改變，我認為可以概括劃分為三個階段：

1. 資源導向

在媒體資源不是那麼豐沛的早期，掌握廣告預算的人，等同擁有話語權。現在的年輕朋友可能很難想像，一九九〇年代的校園活動宣傳都得靠大量的傳單、海報，誰的人手多、銀彈足，誰就能把活動辦得火熱。當時的商業市場亦是如此，印刷文宣、傳統媒體扮演極其重要的角色，行銷預算的多寡，幾乎決定了品牌的成敗。

2. 口碑導向

隨著行銷工具越來越發達，閱聽大眾對廣告的信任程度也大幅下滑。網路購物經驗豐富的朋友都知道，要把一個平庸的產品包裝得美輪美奐非常容易。所以人們戲稱，與其看購物網站上的「照騙」，不如到下面的留言區，觀察網友說些什麼。

3. 權威導向

但是，當所有品牌都了解到口碑的重要，用各種正規或「灰色地帶」（買粉絲、建網軍）的方式建立口碑，我們對顧客或愛用者所說的話，信任程度也開始打折扣。這時，建立信任感的過程變得更加嚴苛，我們需要有真實身分作為口碑、在特定領域有成功經驗的專家或意見領袖（ＫＯＬ）。簡言之，閱聽大眾對行銷的銀彈攻勢早已無感，也不再那麼相信顧客證言，他們相信的是「權威」。

建立權威如此重要，市面上卻少有專門討論如何建立權威的佳作。我認為一部分原因是，某些專家把權威論述得太艱深，一般人難以消化及應用；另一部分原因，權威可是各領域專家們的看家本領，或者，說得世俗一點，是獲利的工具，不見得人人願意分享。

當我收到大是文化邀請推薦，第一時間就對本書的內容架構與清晰論述為之驚豔。書中除了對權威效應的由來說明精彩，還對建立權威的三種媒體有務實的教戰指南。原來，兩位共同作者是富比士出版社（Forbes Books）的執行長與行銷策略師，他們規畫出版各類書籍上市的過程，便是在打造一個又一個「權威效應」。

自二〇一六年迄今，受惠於大是文化的青睞與鼎力協助，我的三本著作也在B2B領域帶來多年的權威效應。我非常榮幸並極力推薦此書，給所有想打造權威效應的人。

推薦序二
利用多元媒介，贏得不同世代的信任

STARFiSH 星予創辦人／公關教主　于長君

《權威效應》一書，結合了許多優秀觀點，給予企業主、領導者、專家與各種職人重新省思、創造新思維的機會。

在充斥著多元媒介的全球化時代，要贏得信任，必須先創造個人品牌形象與價值，同時賦予企業新的生命力，將個人品牌的信任度轉接到公司；同時，你還要思考如何忠於自我，在經營的同時，不淡化自己的本質。本書提供許多名人與企業品牌實例，我從書中獲取許多寶貴經驗，讓我更加確信未來要走的方向。

我從幕後公關推手，走上幕前打造自我品牌，同時出版過四本書，第一本書《超強Social力》暢銷十年，讀者遍布海內外，銜接於實際教學中。後來，我想到該如何指導大學生製作YouTube節目，自己先開播十集《公關教主于長君與大學生的鮮修班》，讓我至今仍受大學院校邀約，前往擔任客座老師和畢業評審老師；更在教學當中，獲得更多的不同世代的見解，這便與本書中所提到的「人與人的連結，比品牌更有說服力」相呼應。

為了幫助不同世代的人、讓更多專業領域的佼佼者也能站上公眾舞臺，我創辦 STARFiSH Agent 星予經紀，幫助在不同領域獲得冠軍的運動員、職人獲得曝光機會，並藉由他們的影響力，在新世代的心中樹立良好形象。同時，也將他們塑造成 Influencer（有影響力者），為品牌推波助瀾，在自媒體平臺上露出，增廣效益，並擔任品牌顧問一角，協助新品牌創業、設定業績目標方向、找到市場定位。

本書的兩位作者，出身自公關行銷顧問及出版社，在疫情後變化多端的市場中，也成功走出不同的路，協助各大企業主檢視自身公司體質與營運方向。

如同本書的重點概念所述：「在充滿不信任的世界重啟信任。」就算你已經有多年工作經驗、也有經營自媒體，仍須不斷精進自己，充實數位媒體剪輯能力，與時俱進、與新世代接軌，藉此贏得不同世代的信任感。運用多元媒介造福大眾，就是獲得幸福的方式。

推薦序三

出書，最快贏得權威

大是文化總編輯／吳依瑋

「寫書、賣書可以賺（很多）錢嗎？」經常有人這樣問。

我的答案是，出書的版稅獲利可能短時間不能盡如你意，但後續掀起的權威效應、影響力、甚至專業上的話語權，可能超出你的想像。

舉例而言，幾年前，我曾幫一位素人會計師出版了有關報稅、節稅的相關書籍，出版後，相關的演講邀約不斷，每到四、五月報稅之際，媒體就找他解說新稅制的任何變更，知名度大增後，越來越多需要節稅的有錢大客戶就陸續上門，請他做節稅規畫。

難怪作者在書中說，**寫書是創造權威的基本元素，能瞬間贏得他人尊重，提升自己在對方心中的可信度**。因為如果你對某件事的知識豐富到可以出一本書，眾人就會認為你是該議題的權威人物。

「那麼，要怎麼做才能寫成一本書？」這又是另一個好問題。

聽完出書的好處後，很多人都會興致勃勃的說：「我也要來寫一本……」，但只有不到一成甚至更少的人能完成這任務。很簡單，因為寫書是一件耗時耗力的龐大工程，加上多數人沒有接受過寫作訓練，所以這其實是一件極為困難的事。

好在本書作者，提出了我非常認同的解決之道。

你可以當作者，但不一定要親自動手「寫」。寫書的困難在於，作品必須用文字呈現，偏偏很多人很會「講」故事，但不一定能夠有結構的呈現章節，這時候你就需要兩種人幫你：寫手與出版社。

寫手可以幫你把腦中的想法，轉換成動人的文字（請相信我，這真的是一種專業），所以出書的最快方法就是找人代筆，特別是商業界的專業人士，只要雙方時間許可，六個月多半可以寫完。

那還需要出版社嗎？當然，想成為暢銷書，你得有封面設計、行銷文案，還得找到有「權威效應」的推薦人幫你背書，更重要的是，還得有實體或是網路書店願意販售。而這就是我（也就是出版社）天天在做的工作。

寫到這裡，突然發現自己的職業不只是出版人，而是幫人打造「權威效應」的重要推手呀！歡迎讀完本書之後的你，找我一起討論，怎麼替自己的專業創造權威！

推薦序四

寫書帶來的權威效應，讓我翻轉人生

暢銷書《新行銷聖經》作者／大衛・梅爾曼・史考特（David Meerman Scott）

我被炒魷魚了。不過，那是二十年前的事，當時我任職於一間知名大型企業，被辭退的原因是主管認為我的想法太過激進。

失業後，我為了建立權威，便立刻架設個人網站，還設定了電子郵件通訊功能；接著，我重新開始寫部落格（至今仍在運作），還在各種會議與活動上擔任講者。

但這些都是其次，**我為了創造權威效應（Authority Advantage）所踏出最關鍵的一步，就是寫書。**我在二〇一七年出版的《新行銷聖經》（*The New Rules of Marketing and PR*）暢銷全球，現在已經出到第八版，賣出近五十萬本，還被翻譯成二十九種語言（包括阿爾巴尼亞語和越南語）。

至今，我寫過十三本書，有好幾本都成了《華爾街日報》（*The Wall Street Journal*）暢銷書，其中《把月亮賣出去》（*Marketing the Moon*）甚至還被美國公共電視新聞網（PBS）改編成節目《美國印象》（*American Experience*）中的迷你系列，共有三集，劇名是《追上月亮》（*Chasing the Moon*），這樣的成績應該還不賴吧？

如果有人說權威改變了我的人生，我會跟他說，你小看了權威的作用！

我靠書籍與線上內容創造權威效應，並利用此優勢瀟灑的離開企業生態，開創充滿熱忱的新人生。權威效應讓我得以造福成千上萬人，協助他們拓展自己的事業、實現自身理想。當然，這也讓我賺進大把鈔票，收入遠超出我在大型企業工作的薪水。

這種權威效應讓我占盡便宜，感覺就像開了外掛一樣！在現在這個消費者越來越不信任公司、他人與品牌的世界，權威能帶給你的強項更加顯著。現代人總喜歡懷疑身邊的人事物，包括團隊、客戶、供應商、合作夥伴，連鄰居也不放過；我們會懷疑在TikTok上賣潮衣的網紅，也會質疑標榜自己愛地球的企業，宣稱顧客至上的執行長就更不用說了。

好消息是，懷疑主義並非堅不可摧，只要你能調整自身定位，以懷抱使命的領導者形象示人，就能瓦解這種心態。

我的朋友賽斯．高汀（Seth Godin）[1]常說一句話：「領導很重要。」在現今的大環境中，顯性的領導模式才符合時代趨勢，這類領導方式可以幫助你，在疑心病越來越重的受眾面前建立親和的形象。

在現今社會中，顯性領導也是最有效的行銷形式。**善用顯性領導，你就能在還沒與人實際互動前，就開始影響對方。**

你很幸運，因為**本書將告訴你如何建立現今社會最關鍵的優勢——在充斥著不信任的世界中，創造信任的能力。**

本書的兩位共同作者亞當．維蒂（Adam Witty）與魯斯蒂．謝爾頓（Rusty Shelton）會讓你明白一個道理，那就是——創造權威效應並非偶然，可以透過系統性的方法達成，讓你從想販售商品的其中一人，蛻變成為眾人解惑的思維領導者。

我跟維蒂與謝爾頓是十多年的好朋友，我很佩服他們能透過建立自身權威闖出一番事業，也相當欣賞他們幫助他人建立權威的做法。

真正的權威不是自大，而是與影響及信任有關，也是領導者造福眾人的關鍵元素。

我真希望這本書可以早二十年出版，就能幫助那時的我創造權威效應。能讀到這本書的你們何其幸運，因為你們可以用更短的時間，建立能改變事業與人生的權威！

（按：本文作者史考特是企業成長策略師，著作高達十三本，包括《新行銷聖經》，官網為：www.DavidMeermanScott.com，也可在其他平臺上以 @dmscott 找到他。）

---

1 大師級行銷專家，二〇一八年入選美國行銷協會行銷名人堂。

導言
在充滿不信任的世界重啟信任

無論是在商界或人生，信任都是最重要的貨幣，這一點無庸置疑。沒有信任，所有事物就都沒有意義。

這個道理雖然了無新意，但從古至今都沒變過，也是放之四海而皆準的真理。然而，在當今的社會，建立信任的方式早已和過去大相逕庭。

曾幾何時，機構、組織和企業都將信任視為理所當然的東西，但現在他們早已失去群眾的信任。身為領導者，你可能早就察覺到這種轉變，在看待其他實體（如政府組織、公司、媒體機構、教育機構，甚至是非營利組織）釋出的訊息時，或許也會抱著懷疑的心態。

在引領組織朝未來邁進時，或許你並沒有徹底意識到這件事的嚴重性。其實，這種實體間的不信任存在已久，而且有逐漸加劇的傾向。不過，我們很容易發現這種現象已蔚為風氣，但找出轉變的源頭就沒這麼簡單了。這個世界早已充滿猜忌與懷疑，新冠疫情不過是壓垮信任的最後一根稻草，令民眾下定決心，再也不去相信那些過去不斷堅信的實體。

現在的領導者無法再靠公司品牌或漂亮的頭銜，來贏得利害關係人的信任。

這種轉變對領導者來說是一大難題，他們會感到自己被眾人質疑，有些人甚至會直接被轉型的洪流淹沒。對那些至今仍不願提升個人能見度、只肯在團隊面前露臉的領袖來說，這種情況最為明顯。

那麼，身處後機構（postinstitutional）時代的領導者該如何建立信任？答案是，站在前線領導眾人，而不是在躲在幕後垂簾聽政。

跟你說個祕密，**即便你的目標受眾不再相信你的公司，但他們依舊願意相信你這個人。**

群眾心目中的理想領袖必須具備以下特質：可靠、能幹、使命感，以及在當前社會環境中分外重要的能見度。

身為領導者，只具備可靠、能幹、使命感這三種特質是不夠的，因為你的影響力會受局限，僅能觸及與你直接相關的人。公司最需要的，是能為他們「導入」信任的領導者，處處受限只會害自己的影響力越來越低。

這就是世界的最新現況，奉行僕人式領導（servant leaders）的人聽到後，絕對備感震驚。多年以來，這類領導者都被告誡要站在較不顯眼的優勢地位，默默服務他人並幫助組織成長。但現在，**越不顯眼的領導者，越無法造福身邊的人（如團隊成員、消費者，或是**

會受你傳遞的訊息影響的人）。

人只會信任自己認識的人，若你總是躲在幕後領導眾人，成效自然不高。唯一認識你、還願意信任你的，大概只剩下在董事會會議室和小組會議與你直接互動的人。

新時代僕人式領導者必須推翻舊式的關鍵信條，那就是從幕後走到幕前，並以此為起點，開始與組織內外的人建立信任感。

本書是一記警鐘，也是一本計畫書，受眾是我們認可的領導者，即謙遜、具備僕人思維、聚焦於顧客、團隊與夥伴利益的領導者。若你認為自己是這類領袖，那你很有可能選擇遠離鎂光燈，因為你認為自己太忙了，沒時間作秀，或擔心曝光可能會適得其反，反被當成愛出風頭的人。

這種領導思維的出發點是好的，卻不合時宜，使你無法意識到缺乏真誠和以使命為導向的曝光度，反而對你和公司造成傷害。

但你很幸運，因為本書將教導你如何在新的環境帶領眾人。

過去二十多年來，我們都在協助全球最知名的領導者打造權威，藉此拓展他們的視野版圖與影響力。我們提出的框架，絕對是當今社會最重要的思維系統，關於這點，我們深信不移。

雖然現在許多人終於發現建立個人權威或思維領導有多重要，但不少人仍用錯方法，錯過在市場建立優勢的良機。

因此，我們想透過本書達成兩個目的：

1. 鼓勵讀者創造權威效應，並傳授步驟，使讀者利用此優勢造福他人。
2. 讓你不會因為用錯方法而浪費時間、金錢和好意。

機構、公司，大眾信任度明顯降低

到底為什麼要創造權威效應？為什麼不延續過去的成功模式就好？我們當然希望領導者繼續在幕後運籌帷幄，但如果你想在當今市場創造優勢，就要讓團隊外的人看見你。

讓我們先聚焦於本書的重點概念：**在充滿不信任的世界中重啟信任。**

想提升領導的效力，就一定要先創造信任感，你可能很久以前就發現這個原則了。無論是人際關係或商業關係，每段關係都必須奠基於信任之上，這道理可以說是老生常談。每位領導者都知道，想打造良好的人際關係，就必須先讓對方信任自己。

然而，絕大多數人之所以會失手，都不是因為低估了信任的重要性，而是誤解了建立信任的方式與時機。

人們過去會透過實際互動、通話或良好的商業合作體驗來建立信任，現代人的信任則必須奠基在長期關係和優秀表現上。

然而，在我們首次與某人實際互動前，就已經開始建立信任了。在對方考慮成為你的員工、客戶、合作夥伴、利益關係人，或和你建立任何關係前，信任感就已形成。

在有機會靠實際互動給對方留下印象之前，你一定要先從遠處創造連結、建立信任感，也就是從網路上開始。

你知道別人對你的印象是什麼嗎？其實，絕大多數領導者都不知道這個問題的答案，這就是我們寫這本書的原因，我們想讓你了解一個道理：建立信任感與創造連結的基礎，不在品牌，而在於你本人——說得更具體一點，就是創造權威效應之後的你。

前面提過，新冠疫情加快了群眾心態轉換的速度：我們不再像過去那樣相信組織、企業或任何類型的實體。經過封城之後，大環境有了改變，人們會在腦中過濾所有接收到的資訊，心想：這條消息出自何人之手？他們的目的是什麼？他們想要我做什麼事？我能信任他們嗎？他們可以從中獲得什麼好處？

相較於個人或領導者，**當資訊來源是機構、公司或其他實體時，民眾的信任度明顯更低**，所以想和受眾（如選民、觀眾、員工、潛在員工、顧客或潛在顧客）溝通時，公司自然窒礙難行。

這種轉變會讓領導者開始在心中盤算，思考自己是否該邁出第一步，透過建立個人品牌，來移除與受眾之間的障礙。那些極力降低自身能見度、因而落後其他同儕的領導者，最常有這種內心掙扎。

這種困境聽起來是不是有些耳熟？

在今日，只靠品牌建立第一印象遠遠不夠，你一定要盡可能移除在自己和受眾之間的障礙。

接下來，我們將解釋為何你一定要刻意營造專屬的領導者品牌、擁有自己的媒體，並和受眾建立連結。但首先你要小心，千萬別將和受眾溝通的能力託付給第三方，像是臉書（Facebook）、領英（LinkedIn）等社交媒體，或「贏得媒體」（earned media，詳見第十一章）的守門員，如製作人、記者或會議策劃人。掌控全局的人必須是你，而不是他們。

在還沒建立起你的觀眾之前，必須先吸引他們的注意力，並相信自己這樣做是正確的，而這就是本書的重點。

在閱讀的過程中你會發現，**用正確的方式打造權威，與你這個人是否自負無關，更像是一種投資，目的在於擴大你的影響力。**簡而言之，創造權威效應的重點，是將自己定位為能替眾人解惑的領導者，而非販售商品的作業員。

在進入正題前，你可能會想問：「亞當・維蒂和魯斯蒂・謝爾頓是誰？為什麼我要聽他們的話？」

我們想協助為社會帶來正面影響的執行長、創業者和領導者，幫他們建立威信。我們憑藉逾四十年的相關經驗，用策略性與系統性的方式，協助過兩千五百名領導者打造專屬媒體（書籍、Podcast、電子報等），藉此累積受眾；在放大影響力、建立信任的同時，也讓他們成為各自領域中的第一把交椅。

維蒂在二〇〇五年創立了今天的富比士出版社（Forbes Books，隸屬於 Forbes Media），也就是雜誌《富比士》的發行商。謝爾頓則在二〇一〇年成立了自己的事務所。我們自二〇一六年開始合作，因為我們發現雙方的長處相輔相成，維蒂的專長是內容創作與書籍出版，謝爾頓則是成功創業家兼數位媒體和公關專家。

我們合著了七本書，並在全球各地演講，包括哈佛醫學院（Harvard Medical School）、青年總裁協會（YPO）及創業家協會（Entrepreneurs' Organization）的各個分會。此外，我們也有自己的 Podcast，也是《華爾街日報》、《投資人商務日報》（*Investor's Business Daily*）、《今日美國》（*USA Today*）、福斯新聞（FOX News）、ABC 新聞網等報章雜誌和節目的專題報導人物。

我們合作的對象包括百餘名《紐約時報》與《華爾街日報》暢銷書作家、數名白手起家的億萬富翁，以及那斯達克股票交易所（NASDAQ）與紐約證券交易所（NYSE）上市公司的執行長。透過本書，你可以一窺頂尖思維領導者在創造權威效應時學到的心得。總的來說，我們的工作就是協助一流領導者，拓展自身影響力與建立權威，希望你在讀完本書後，也能成為我們客戶名單上的一員。

本書將手把手指導你為自己的事業、偉業與人生創造權威效應。但首先，我們會概略介紹催生這種社會氛圍的轉變點，以及為何權威效應會成為現代領導者的必備技能。

第 1 部

權威感，不等於大頭症

領導者需要權威效應的原因

第一章

權威，就是擴大你的影響範圍

派蒂・布倫南（Patti Brenman）是美國聲望最高的財務顧問，每年都會登上《巴倫周刊》（*Barron's*）的頂尖顧問名單。布倫南在 Key Financial, Inc. 擔任執行長，專門為高資產客戶管理財產，表現相當出色，被《富比士》評選為全州最佳財富顧問。

在由女性經營的顧問公司中，以管理的資產數量為標準，她的公司名列前茅。由此可見，她是財務顧問領域的佼佼者，我們一定能從這位領導者身上學到不少東西。

然而，當她第一次接觸到權威效應這個概念時，內心其實相當牴觸。

布倫南認為，思維領導與經營個人品牌是自負的行為，內心有些反感。她覺得，這就像是在吹噓自己有多厲害一樣，所以她和大多數以影響力為導向的領導者一樣，都不想建立權威效應。

或許你的反應也和布倫南一樣，我們完全可以理解為什麼你會這樣想，因為這也是大多數領導者的第一反應。

請思考一下，為什麼你的直覺反應是拒絕。

最普遍且直接的答案是，因為你聯想到一些用錯誤方法建立權威的人，他們給人一種「渴望他人注意力」的絕望感，建立出的權威也像是在自吹自擂，而不是著重於提升品牌影響力。

打造品牌的案例多不勝數，LinkedIn、臉書或 Instagram 上隨處可見，這也是人們對思維領導有偏見的原因。他們認為，所謂打造個人品牌，代表必須「出賣自己的尊嚴」，到處敲鑼打鼓宣傳自己，炫耀自己有多厲害。

但其實還有很多其他打造個人品牌的方式，而且，如果你的目的是建立信任，更應該避開上述方法。

我在這裡就先打開天窗說亮話：**我們是在鼓勵你創造權威，不是要你得大頭症。**

許多靠僕人式領導模式成功的領導者，都誤以為打造面向群眾的個人品牌會造成反效果。我很常聽到客戶說出同一句話：「我怕同事會以為我這樣做只是為了出鋒頭。」如果每聽到這句話一次，我就能拿到一塊錢，那我現在肯定能角逐富比士富豪榜的龍頭寶座了。

優秀的領導者不僅能化解成員間的摩擦，也懂得解決各種難題，還會賦權給每位成員，讓他們可以用最能帶來成就感的方式，扮演好自己的角色。

能在當前環境勝出的領導者，都深知一個道理——自己造福的對象，不應只局限於事業的組成分子，更要擴及至潛在顧客、合作夥伴與團隊成員，並與他們建立信任感和默契。

若領導者無法向公眾展示自己能提供的價值，其影響力就會被縮限在自身領導的事業中，最終為團隊帶來負面影響。

創造權威效應與打造以你為中心的品牌，是兩種截然不同的概念，你是傳遞訊息的人，而不是訊息本身。

許多人渴望實踐僕人式領導，其實，無論是以僕人式領導或用以使命為導向的權威身分服務眾人，從本質來看都一樣，差別在於**以使命為導向的思維領導**，**能擴大領導者的影響範圍**，**讓無緣和你直接互動的人也能受惠於你**，而你也能**藉此與相距甚遠的群眾交流**，**並建立信任感**。

布倫南過去總是對鎂光燈敬而遠之，現在卻經常在國家級媒體上露面。她在領略到權威蘊含的智慧後，說了這段話：

「我後來才意識到，若社區成員或一般民眾不知道我們的存在，或是不知道有需求時應該找誰，那他們很有可能會求助於缺乏足夠知識或經驗、不懂得為客戶著想的人。在這種情況下，沒有人是贏家，而損失最多的絕對是客戶和他們的家人。」

換句話說，建立以使命為導向的權威，就是現代僕人式領導的基石，因為**權威可以將人的影響力放到最大**。接下來我們會向你介紹權威矩陣（Authority Matrix），並透過這項工具詳細闡述此概念。

但在這之前，我要先指出權威能帶來的另一項好處。除了增強影響力，權威效應還能幫助你開創自己的事業。

無論你對能見度與打造個人品牌抱持什麼態度，都無法改變一個事實，那就是：**懂得建立權威的領導者，比市場中所有競爭者都更有優勢，也能發揮更大的影響力。**當受眾與組織和機構漸行漸遠，只靠企業品牌在市場累積信任度的領導者便注定落後。

很不幸，絕大多數領導者勢必會走上這條不歸路，嘗試透過領導組織品牌來建立能見度。而因為這些領袖的受眾對實體懷抱不信任的態度，所以這種模式只會限制訊息的傳播範圍。也就是說，不願提升能見度，會使影響力無法達到預期強度，領導者也無法認清，在這個充滿懷疑的市場中，個人品牌對企業成長與建立信任至關重要。

若你也抗拒權威的概念，這很可能就是你仍在原地踏步的原因。

權威宏圖的使用方法

現在，我們該來解決另一個眾人避而不談的問題：時間。

我們明白你有很多事要做，一想到要在待辦清單上多加一項任務，就讓你焦慮不已。說不定光是拿起這本書，想起自己還必須抽出空檔來建立權威，就讓你感到緊張。

我們理解，也覺得合情合理。即便是最資深的內容行銷人員，光是想到自己必須創作更多內容，或是管理社群媒體，都會感到莫大的壓力。而這還只是開頭而已，本書之後還會討論其他擴大影響力、建立大範圍信任的方法，例如出書、主持Podcast、替特定行業刊物撰寫專欄、轉換跑道等。

為了讓你不必擔心，我們會利用一項工具——權威宏圖（Master Authority Plan，簡稱MAP）來協助你建立權威，整個過程都會按照你的時間與目標量身訂做。此外，在嘗試將時間運用到極致的同時，我們還會為你區分出無意義活動與結果導向策略間的差異。我們希望你可以用最短的時間，從A點到達B點，並盡可能享受這趟旅途。

這不是一本教人如何成名的書，嚴格來說，也與建立個人品牌無關。本書的重點在於轉換你的思維，讓你、你的團隊、你的公司，在這個擁擠喧鬧的商業環境中占得一席之地，而這一切只消一個步驟就可以達成：建立信任感。

我們深信，創業精神是推動世界向善的力量，本書的宗旨是幫助創業者與領導者，整理思緒並制定一套明確計畫，在新的環境中成長、創造槓桿效應、影響廣大的群眾。

在討論細節前，我們會先檢視全球模式轉變的現象，並解釋為什要盡早讓眾人知道你想傳遞的訊息。接著，我們會深入探討如何用忠於自我的方式，建立專屬於你的品牌。

除此之外，本書也會傳授讓素未謀面的人信任你的技巧。在本書的最後，則會帶你審視後媒體社會的「地貌」，分析付費媒體（rented media）、贏得媒體與自有媒體（owned media），進而闡述這三種媒體必須被整合在一起，並強調「擁有」與受眾關係的原因。

不過，本書最重要的作用，就是賦權於你。

我們希望你能掌握自己的命運，並為身邊的人（顧客、合作夥伴、團隊成員或將來可能共事的人）提供價值，並透過本書，揭開思維領導的神祕面紗。如果運用得宜，思維領導能掀起一股改變所有事物的浪潮，而這就是權威效應的意義。

第二章

人與人的連結，比品牌更有說服力

新冠疫情爆發後，身為領導者的你，覺得自己的生活變了多少？不管你的事業是蒸蒸日上或掙扎求生，每個人肯定都遭逢了前所未見的挑戰。

誰能想到，新冠疫情僅用了這麼短的時間，就改變了這麼多事？雖然這場浩劫讓人感覺恍如隔世，但疫情爆發的時間不過是二〇二〇年二月初。

當時，我們的團隊正在討論二〇二〇年第二季的規畫。按照慣例，我們開會都會列出重要事項，以確保該季規畫萬無一失。我們提出了約十五點重點，並詢問眾人是否還有其他意見。當時，大家都沉默不語，直到某人小心翼翼的問（這個問題最後成了一則預言）：「我們要不要討論一下那個新的病毒？」

當時，我覺得討論一個遠在半個地球以外的地方爆發、眾人所知甚少的病毒，並將它當成公司第二季規畫的變數，確實有點不切實際。況且，新冠病毒那時才剛傳到美國，沒有人拿它當一回事。不過，我們還是稍微討論了一下，得出的結論是：新冠病毒影響我們工作的機率微乎其微，不列入考量。

誰料得到，原本只是在眾人腦中一閃而過的新冠肺炎，最後竟成了近七十五年人類面臨的最大威脅。它不僅改變了商業行為模式，也顛覆了人們的生活方式。美國有句俗語：「變動是生命的定律。」然而，人類史上從沒有哪樣東西能像新冠肺炎一樣，在這麼短的時間內讓商業界風雲變色。

即便眾人的工作已再次回到正軌，但商務旅行的模式，卻已轉變為在家裡換個房間辦公；會議也改在Zoom上舉行（從此與用電話談生意的時代告別）；購物亦改為在線上完成；企業徵人時，也會希望應試者能接受彈性工作安排。

這場疫情中有人勝出、有人落敗，但有些人的勝利純屬幸運，他們可能是腳踏車店店主或居家健身器材商，而不是餐廳老闆或健身房經營者。還有一些人，早在疫情爆發前就打造出眾人信任的品牌，遙遙領先其他競爭者。但整體來說，所有企業領導者都在新冠疫情期間面臨前所未見的挑戰。

我們總是在猜測，自己所處的世代，哪天會不會和前人一樣，碰上一些嚴峻的挑戰或顛覆性事件，例如經濟大蕭條和世界大戰。

說實話，我們這代人其實過得相當優渥，因為國家領袖都會刻意避免引發大規模事件。當然，美國人還經歷過九一一事件和經濟大衰退（Great Recession），不過這些事件掀起的波瀾，和新冠疫情相比簡直是小巫見大巫。

雖然全球仍有數百萬個因疫情失去親人的家庭，尚未擺脫傷痛，但疫情確實重設了人類生活的所有制度，包括商業營運模式在內。這是一場翻天覆地的模式轉變，顛覆了生活的現實面、人們對遠距工作的期望、衝擊供應鏈的巨大挑戰、人才管理與通貨膨脹。

此外，新冠肺炎還引發了另一個問題，那就是領導者現在必須應付群眾的不信任。這股潮流其實在疫情爆發前就已經開始湧動，病毒只是加速了轉變的進程。全球顧問公司蓋洛普（Gallup）指出，**新冠疫情導致人民對機構的信任度降到冰點。**蓋洛普每年都會調查十四個機構（包括媒體、美國政府、大型銀行等[1]），而他們發現，二〇二二年平均僅有二七%的美國成人對這些機構抱持「極高」或「高度」信心，創下該民調最低紀錄。

這個數字代表著，受眾不信任你所屬的公司、機構或實體，也是我們拿著皮鞭在背後催促你趕緊創造權威效應的主因。

這個數字背後的意義如下：**在現今的社會中，傳播訊息最佳、最快、最可靠的方式不是透過政府、公司或實體，而是透過值得信任且能見度高的領導者。**

以烏克蘭總統弗拉迪米爾·澤倫斯基（Volodymyr Zelensky）的領導模式為例，他的個人魅力與真誠不僅鼓舞了人民士氣，讓大家團結起來抵禦俄羅斯於二〇二二年發動的軍事入侵，也為烏克蘭贏得國際社會的援助。

澤倫斯基的成功，要歸功於精心策劃又頻繁的社群媒體曝光與視訊會議，這兩樣工具使他獲得眾人的信任，也激勵大家用實際行動保家衛國。澤倫斯基不停在國際社會露面，讓自己的臉孔成為烏克蘭的門面，最終讓世界各地都認同他的領導方式。

像澤倫斯基這樣能見度高、具顛覆精神又真誠的國家領導者（其他類似人物包括溫斯頓·邱吉爾〔Winston Churchill〕與富蘭克林·羅斯福〔Franklin Roosevelt〕），可以在地緣政治的舞臺上發揮影響力，但其他實體也能將相同原則套用在自己身上。

1. 轉變一：從建立企業品牌到樹立權威品牌

請在腦中想像兩間公司，第一間的領導者是家喻戶曉的人物，為人真誠、樂於面對群眾，第二間則恰恰相反，你應該能感受到其中的差別吧？當領導者努力用真誠、有價值、能見度高的方式，與受眾內的利害關係人建立連結，便能創造極大的優勢。你能為自己的公司創造類似的優勢嗎？

你可以慢慢思考這個問題，現在，我們先來探討讓創造權威效應成為當務之急的三大模式轉變。

絕大多數創業者與領導者，都會將所有行銷與品牌經營的資源投注在一件事情上：建立企業品牌。這種策略通常源自以下兩種錯誤觀念：

1. 只要組織的價值不是建立在某人的名聲或性格上，就經得起時間的考驗。

---

1 Jeffrey M. Jones, "Confidence in U.S. Institutions Down; Average at New Low," Gallup News, July 5, 2022, https://news.gallup.com/poll/394283/confidence-institutions-down-average-new-low.aspx.

2. 不可能同時建立企業品牌與領導者品牌，這麼做最終一定會導致衝突，淡化兩者的效力。

這兩種荒謬至極的觀念，戕害了不少創業者、執行長與領導者，不過往好處想，你的競爭對手有很高的機率也深受其害。

我們先來破解第一條謬論：企業品牌與性格品牌都能為公司帶來價值，但企業品牌創造的價值更經得起時間的考驗。

聰明的商人都知道，價值並非透過意識創造——許多企業都擁有意識；此外，定價也無法創造價值，事實恰恰相反，價格槓桿（price leverage）才是企業價值的產物。

所以價值到底是由什麼創造？答案是一連串的問題解決與差異化。簡單來說，企業的價值在於你能在多短的時間內，向潛在顧客或客戶展示自己具備同行沒有的優勢，以及為何這項優勢更適合用來解決他們的問題。

而這就是企業品牌做不到的事情。

因此，想達成企業品牌差異化，必須投入極大的心力與金錢，難度也相當高。首先，多數商業品牌大同小異；其次，大多數中小型公司，根本沒有本錢與大型企業品牌正面對決，因為這些大品牌早已累積數十年的資本，行銷預算也多上數千倍，光是砸錢就能輕鬆把對手打趴。

再來，顧客或客戶往往要花更長的時間才能信任企業品牌，但是，他們卻能在極短的期間內信任個人的權威品牌（這可能也是最重要的一點）。相較於權威品牌，想讓顧客或客戶喜歡上企業品牌，須耗費更多接觸點（touchpoint）與金錢。為什麼？原因很簡單，因為**所謂交易，是人與人之間的行為**（people buy from people），**我們比較難與企業產生共鳴，卻能快速認同另一個人的性格，藉此輕易建立紐帶。**

所以我們才說創造權威效應是轉型的關鍵元素，有了權威，你的影響力與能見度就會上升到另一個層級。假設你是史密斯財富管理公司（Smith Wealth Management）的經營者，你要如何跟業界巨頭摩根士丹利（Morgan Stanley）正面對決？

假設你撰寫過理財相關書籍，還在美國財經新聞頻道CNBC上露過面，公開表示自己樂於助人，那你的可信度就比身上只有摩根士丹利名片的金融顧問還高；這是因為在一般人眼中，這名金融顧問只是一名銷售員，而非具備權威的專業人士。

假設你的受眾收到一封來自noreply@yourcompany.com的電子信箱通訊，他們一定不消一瞬間就把這封信刪除。但如果寄件人是一位以使命為導向、已經透過提供價值建立起親和力的領導者，他們就會認為信件內容肯定有分量，這是因為他們將這名領導者視為能拓展他們思維與知識的權威人物。

安蒂．賽門博士（Andi Simon）是企業人類學家（Corporate Anthropologist），也是賽門專員管理顧問（Simon Associates Management Consultants）的創辦人兼執行長，她專門幫助企業主管用更具洞察力的方式審視自己的公司，藉此找出問題癥結點及新的盈利商機。

除了上述身分之外，賽門也是作者、演講人兼終身教授，她意識到比起領導公司品牌，提升自己在群眾心中的可信度更加重要。我們很開心能有機會為她提供公關服務，幫助她達成自己的目標。以下是賽門制定的計畫：

首先，我刻意將公司形象與自身形象融為一體。我的目標不是要擴大公司規模，而是要運用我在企業人類學學到的專業與經驗，打造一間成功的管理顧問公司。我發現自己很快就贏得眾人的信任，他們不在乎我手下的員工是誰，因為他們相信我一定會找到最合適的人選來協助他們。

信任是思維領導者的關鍵字，眾人都奉你的話為圭臬，期盼你會為他們找到解決問題的方法。無論是擔任企業主管教練或與公司團隊合作，我都會花大量時間與客戶相處，因為只有這樣我才能成為他們的一分子，並和眾人一起撰寫我們的故事。每個人都希望自己在和他人相處時有安全感，這代表我一定要設法融入他們的企業文化或個人歷程中。

賽門已經說得很清楚了，**人與人的連結，遠比公司品牌更有說服力**。我們可以在極短的時間內就相信一個人，卻無法用同樣的態度面對企業。你在大環境中勝出的速度，取決於你是否將這個道理當成重點策略來執行。

2. 轉變二：從企業媒體到微媒體

內容創作的高明與否，能為領導者帶來商業機會。想理解這個概念，最好的方式就是聚焦於可以讓內容創作發揮效果的兩大因素：一、信任；二、個人化價值（personalized value）。我們先來聊聊信任。

本書開頭說過，現代民眾越來越不信任企業品牌與企業媒體，認為大公司的媒體只會維護自身利益。人們過去只會對特定媒體抱持這種觀點（其中一些媒體機構甚至樂於被貼上偏袒企業的標籤），然而，媒體整合與各方兩極分化加劇，導致我們在觀看、閱讀、收聽各類媒體時，都會抱持懷疑態度。

雖然媒體傳遞的訊息並不一定全是假新聞，但在現今的社會氛圍下，民眾確實越發擔心，也意識到新聞造假的可能。在企業漸漸失去民眾信任的同時，微媒體（micromedia）則逐漸贏得眾人的信賴。微媒體指的是由具備權威的個人傳授、提供價值的各種管道，包括書籍、YouTube、Podcast 等。

微媒體能用可信的方式呈現一個人的專業能力，因此比企業媒體更能贏得眾人信任。

假設我們在地方報紙上讀到某間餐廳的好評，可能會懷疑這是業配，如果之後又在其他版面上看見這間餐廳的報導，就會更堅信自己的猜測正確。但如果是由美食權威人士在Podcast上推薦同一間餐廳，我們就不太會懷有偏見，因為主持人似乎不會因為替餐廳美言幾句就獲益。微媒體的效果與口碑推薦差不多，我們的信任源自發言人的可信度。

接著讓我聚焦於另一個因素，也可能是微媒體成長的終極加速器——個人化價值。

若你將自己定位成大型、通用的媒體機構，那在建立受眾時，你勢必會面臨一項大挑戰：滿足每一個人的需求。無論是在聆聽美國媒體機構NPR的節目、觀賞ESPN播出的比賽，或是閱讀《紐約時報》，裡頭一定會有我們喜歡與不感興趣的內容。這些媒體機構過去是人們唯一的選擇，所以觀眾別無他法，只能盡量在無趣的內容中尋找些微的樂趣。

然而，時代已經變了。

現代人只要動動手指就能享受各種利基、小眾內容，讓自己花出去的每分每秒得到最完整的回報。我們不再收聽ESPN，接收所有體育隊伍的戰況與各類運動新聞，而是在Podcast上了解特定隊伍的消息，例如維蒂支持的美式足球隊克萊門森老虎（Clemson Tigers），以及謝爾頓最愛的德克薩斯長角牛（Texas Longhorns）。除此之外，我們也不用再閱讀一般的商業出版物，可以聚焦在自己喜歡的小眾刊物，也不必再收看國家新聞，而是利用不同媒體機構，欣賞為你量身打造的產業新聞。

你是否也感同身受？你有沒有發現，自己也將僅能提供些微價值的一般媒體「調成靜音」，並將目光轉移到能精準搔到癢處的微媒體上？最重要的是，你的目標受眾是不是也在做同樣的事？

現在，**你的受眾對大型媒體的排斥度越來越高，他們想直接從你身上獲得知識**。這種氛圍不僅令人感到興奮，也能賦權於人。所以，你今天向受眾提供客製化的價值了嗎？

3. 轉變三：從販售到購買

潛在客戶開發與銷售，你覺得哪個對企業更重要？

雖然兩方都有支持的聲音，但從實際層面出發，企業的回答通常是「都很重要」，因為大多數公司都必須克服這兩道難題才能成長。

第一道成長的難關是開發潛在客戶，無論在哪種商業環境下，客戶開發都不是一件容易的事，在喧囂躁動的現代社會更是如此。

能克服第一道難題、成功開發大量客戶的公司不多，這些公司很幸運。但緊接著，他們就要迎接第二道關卡，那就是盡可能說服客戶向他們購買產品。第二道關卡的關鍵在於說服，但絕大多數企業都認為，銷售目標必須靠手段達成，例如折扣，或是將自家產品、服務商品化以刺激消費行為。但這些手段反而有可能勸退潛在客戶，或是導致潛在客戶越變越少。

權威不是獎項，不能等別人頒給你

權威之所以對創業者和領導者如此重要，是因為它不是要你強行向不感興趣的客戶販售商品，而這一點正是大多數公司的通病。

我們要做的，是占據商業行銷宗師丹・甘迺迪（Dan Kennedy）提出的「權威高地」，當你登上權威高地，符合條件的潛在客戶自然會被你的可靠和真誠吸引。

求知欲會敦促他們爬上來接近你，等到攀上權威高地的制高點，他們反而會認為能向你購買商品是一種榮幸。所以說，你一定要把自己擺在這個有利的位置上，由你自行決定商品的定價、消費條件，以及要和哪些客戶交易。

不少人在早期都學過一個觀念：「銷售是創業者必備的重要技能」，所以上述觀點會與大多數創業人士的直覺相悖。

但事實並非如此，**沒有人想要被推銷，大家都希望自己可以主動購買想買的商品**。正因如此，**讓人主動接近並向你購買商品的最佳辦法，就是將自己定位為領域內不可撼動的權威人物，讓眾人覺得能與你交易是他們的榮幸**。

以我們在第一章開頭提到的布倫南為例，她一開始也懷疑過權威效應的概念，但最後還是決定在提升自身能見度的同時，將自己塑造成知識淵博的權威人士。她在轉型過程中不僅斬獲了成功，也變得更有智慧，她說道：

> 權威不是獎項，不會有人把它塞到你的手上，宣布你現在是權威人士。權威和所有東西（包括信任）一樣，是必須靠自己爭取來的，而非一蹴可幾的事物。當然，我們可以透過一些行為加速這個過程，例如調整自己在商業會議上的言行舉止，以及與客戶、甚至社區成員的互動方式。

無論你想打造的品牌是什麼（思維領導者或付出型領導者），重點都在於塑造領導者形象，這個形象就是權威效應的基石。說實在的，每個人多少都有點冒名頂替症候群（imposter syndrome）[2]，會不禁在心中質問自己：「誰說我的想法一定比別人優秀？憑什麼其他人要把我當成思維領導者看待？」像這樣，認為自己比不上別人。但是，我會勸你

---

2 認為自己是因為走運才成功，而非出自實力或努力，總是擔心有朝一日會被他人識破自己其實是騙子。

放膽去做，因為你將在這段過程中學到許多知識。

布倫南的觀點之所以如此有意義，是因為我們在多數領導者身上，都見過冒名頂替症候群。如果你也有相關症狀，該如何克服？

解決的方法就是不要太在意自己，也不要介意那些將你視為冒牌貨的人（他們其實只存於你的想像中），而是聚焦於用優秀的內容造福他人。這種心態轉變，可以成為累積權威的動力與動機。

時間久了，那些被你的訊息影響，進而扭轉人生的人就會開始寫信給你，你就會更有動力，因為你帶來的影響力肉眼可見、真實又明顯。可惜的是，布倫南提到的冒名頂替症候群令眾多領導者裹足不前，更別提改變他人的人生、收到他們的來信了。

請你不要讓自己陷入這種困境之中。

第三章

權威矩陣，為你的影響力布局

在開始建立專屬於你的權威宏圖前，我們會先介紹記錄現代領導者影響力的框架。

在過去二十年間，我們與數千名領導者合作過，其中不乏富比士富豪榜的成員，也有白手起家的百萬創業者。

憑著豐富的經驗，我們已經掌握了按照權威矩陣為個人影響力布局的方法。

我們認為，當代所有領導者都能被歸進圖表3-1的四種原型中，他們在矩陣上的位置，決定了其影響力與信任的範圍，以及建立信任的對象。

X軸（東西向）代表你的領

圖表 3-1　領導者的四種原型

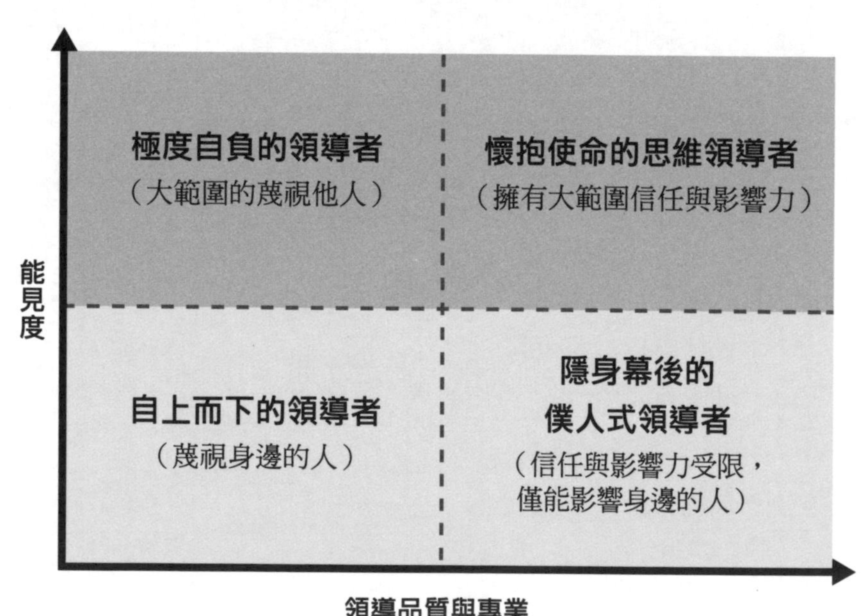

導品質與專業，也就是與你直接互動的對象（如同事、客戶、直屬部屬、供應商、策略夥伴、親朋好友）對你的觀感。

Y軸（南北向）則代表影響力的範圍（取決於你和你的訊息，在直接互動群體外能見度有多高），可以透過社區參與、公關操作、演說、社群媒體、活動、書籍，以及其他形式的大影響教學行為達成。

你可以將Y軸想像成透過思維領導平臺，或是公眾權威品牌傳遞之訊息的影響範圍。這世上不乏糟糕的幕後領導者，也有許多用錯誤方式建立能見度的人。有些讀者在看到個人品牌或思維領導這兩個概念時，腦中第一個浮現的領導者原型，可能就是一個極度自負的領導者。

準確來說，追隨者人數多寡與你的影響力落在左側或右側象限無關，而會決定你在Y軸上的高度。決定所在象限的，是你看待累積能見度一事的角度。

在累積能見度時，你是否會受自負心驅使，總是想透過吸引眾人目光，讓自己顯得有面子？還是說，你會多創造內容、積極參與，造福大量群眾？（我們將這種行為定義為「懷抱使命的權威」。）

接下來，我們將逐一分析權威矩陣中的四大領導者原型。

1. 原型一：自上而下的領導者

自上而下的領導者最大的問題是，他們只承認自己能看見的問題。

這種領袖是「大老闆」，他們的想法永遠是對的，還會要求其他人附和自己的評估結果。這是一種既傳統又狹隘的管理觀點，通常都會把掌握關鍵資訊的人的意見排除在外（就像美國影集《我們的辦公室》〔*The Office*〕裡的主角麥可・史考特〔Michael Scott〕）。這種人自負心太強，大多意識不到自己缺乏溝通技巧，所以不僅會排擠自己人，連潛在客戶與顧客也有可能連帶受影響。

若你是這類型領導者，建議你在創造權威效應前，先接受領導訓練課程，找到自己的最佳定位後再中從獲益。

- **普遍心態**：「其他人該做些什麼來服務我？」
- **影響力範圍**：僅限於與他們直接互動的對象。
- **給人的印象**：常因自負心作祟，搬起石頭砸自己的腳。

2. 原型二：隱身幕後的僕人式領導者

僕人式領導者與自上而下的領導者恰好相反，他們會為了滿足他人的需求而放下自負心。這種領袖樂於造福身邊的人，所以職業發展一直以來都相當順遂。他們會因舉薦人才、留住團隊成員，以及與身邊的人建立良好的關係而自豪。

不過，雖然他們的管理成效出眾，卻總是聽見旁人將他們的公司評價為「在業界默默耕耘的良心企業」。**僕人式領導者拒絕任何規模的能見度，卻因此局限了自身成長與影響力**。簡單來說，這種領袖只能影響到有幸和他們面對面接觸的人，例如診所病患、當面洽談生意的客戶或社區內的成員，有限的曝光度使他們無法徹底發揮潛能。

這類型領導者不僅最能從權威效應中獲益，也最能造福他人。

- **普遍心態**：透過服務達到成功；他們會放下自負心，願意為認識自己的某些人付出超額的時間與心力。
- **影響力範圍**：僅限於與他們直接互動的對象，阻礙成長，害他們終日奔波忙碌。
- **給人的印象**：在業界默默耕耘的優秀人才。

3. 原型三：極度自負的領導者

我們在本書多次提到「極度渴望他人注意力」的品牌領袖，也解釋過這種乞求關注的行為有多煩人，這種人，就是極度自負的領導者。

雖然這類型領袖能見度極高，卻用了不正確的方式呈現自己。他們永遠都在宣揚自己有多優秀，殊不知自己打造的品牌根本無法為自己和公司加分。

我相信所有人腦中都有幾個符合此類別的人選，他們不一定都會在 Instagram 上傳自己開著藍寶堅尼（Lamborghini）的自拍照，但此類型領導者在製作內容時，會加入過多關於自己的訊息，例如：「看看我的成就！看看我有多聰明！看看我賺了多少錢！」他們一定會用力敲鑼打鼓，讓你清楚聽見他們要傳遞的訊息。當然，嘗試以這種方式建立權威效應的領導者，也可能是出於好意，但我們只想強調，這種方法完全錯誤。

若你覺得自己屬於此類型，那只要按照本書的指示去做，就能改變模式，從炫耀勝利成果轉型成教人如何邁向勝利。

- **普遍心態**：「我也太厲害、太成功、太聰明了吧！」
- **影響力範圍**：大部分局限於和他們有關係的人，或是被他們譁眾取寵的手段吸引注意力的人。
- **給人的印象**：創作內容非常自我中心，容易讓大眾對「打造個人品牌」一事形成不好的印象。

4. 原型四：懷抱使命的思維領導者

我們認為，懷抱使命的思維領導者是最理想的現代商業領袖，他們不僅具備僕人式領導者的所有特徵，還多了一項巨大的優勢——他們努力拓展影響力範圍，去含括那些無法與自己直接互動的對象。

這些權威人士能為受眾提供價值，影響力範圍也相當廣，還能透過出書、創造媒體、發表演說、製作內容等方式，獲得第三方公信力，因此擁有極大的影響力。群眾願意相信這類領導者，也樂於被他們管理。憑藉面向群眾的品牌帶來的價值，他們變得具備獨立性、優勢與影響力，得以在生活事業中隨心所欲。

- **普遍心態**：將自己定位為懷抱使命的權威，任務是替眾人解惑，而非販售商品的「執行人員」。
- **影響力範圍**：大得驚人。
- **給人的印象**：在領域中受人景仰的權威人士。

我們會幫助你成為懷抱使命的思維領導者，如果你已經是這類領導者，本書也有辦法讓你更上一層樓。接下來，我們會在第二部教你如何打造權威宏圖。

第 2 部

創造影響力的手把手教學

創造權威效應的方法

第四章

價值來自身分，無關能力

名聲是領導者賴以為生的命脈。

你一定很清楚這一點，也明白名聲會決定他人看待你的方式，並影響他們為你做事、與你合作的意願。不少領導者都努力建立僕人式領導者的名聲，並為此感到光榮。

我們衷心希望你也是這類領導者。

但你有沒有思考過，有多少人在還沒與你互動前，就早已形成對你的第一印象？答案可能會讓你大吃一驚。

在現今社會上，人們會透過搜尋引擎、個人網站、社群媒體，先與你和你的品牌首次互動，而不是像過去一樣，透過直接對話或電話溝通。

但這還不是最讓人震驚的，即便是與人面對面接觸，對方也會在事前就對你形成第一印象。試想一下，當某企業的執行長約你到咖啡廳談公事，你在赴約前會先做什麼事？一定會在會議開始前，先花五分鐘在網路上搜尋執行長的名字，了解一下對方的背景。在你快速瀏覽網頁的過程中，腦中就會形成對執行長的第一印象（可能是正面，也可能是負面），而且這個印象很難被改變。

對了，這位執行長也會在網路上搜尋你的名字！這就像現實的你正在和虛擬的你競賽，目標是符合或推翻你在網路上給人留下的第一印象。

無論你喜不喜歡，每個人在網路都有一個第一印象，即便你不玩社群媒體或「對打造品牌興趣缺缺」，你都無法阻止第一印象在對方腦中形成。

請你務必牢記這一點，假如潛在的員工、顧客或夥伴，在與你互動前就會透過網路形成對你的第一印象，難道你不想掌控這個印象，營造出你想讓人看見的形象，並好好把握與對方建立信任的機會嗎？

思考過後，你的答案一定是肯定的。而這個念頭，就是建立權威效應的第一步。本書第二部會教你如何創建專屬的地圖，並按照地圖上的內容塑造由威信驅動的真誠形象，讓你成為領域中最特別的權威。

建立品牌，就是在受眾心中塑造形象

每位領導者對打造品牌一詞都有自己的見解。大多數人認為，建立品牌代表商標、配色設計或網站，一些人認為建立品牌象徵的是使命宣言或標語。的確，上述都是建立品牌的元素，但建立品牌這件事其實沒有這麼複雜，簡單來說：

建立品牌＝在受眾心中塑造形象

看看這些企業與個人品牌：達美航空（Delta Air Lines）、蘋果（Apple）、紐約洋基（New York Yankees）、奧運會（Olympics）、伊隆・馬斯克（Elon Musk）、摩根大通（JPMorgan Chasei）執行長傑米・戴蒙（Jamie Dimon）、金・卡戴珊（Kim Kardashian）、戈登・拉姆齊（Gordon Ramsay）。

當你想起上述企業與個人時，腦中就會浮現某個形象或想法。根據你與這些品牌互動的經驗或觀感，這個形象或想法可能正面、可能負面。無論是好是壞，你心中一定有一個形象，代表他們已在你的內心建立起自己的品牌。

在競爭激烈的現代商業環境下，建立品牌能帶來的價值自然不言而喻。其實，擁有一個能見度夠高的品牌，對企業來說一直都很重要，但相較於過去，個人品牌已漸漸成為人人都想獲得的競爭優勢。

接下來，我們將以賭城拉斯維加斯，以及經營、管理賭場娛樂設施的凱撒娛樂公司（Caesars Entertainment）為例，看他們如何利用名人的權威品牌創造商機。

我們可以借鑑拉斯維加斯建立品牌的方法；以我們的標準來看，拉斯維加斯這座城市一直都是美國最大的品牌，在全球數以百萬計人的心中，都有一個獨特的形象。

拉斯維加斯之下還有許多二級品牌，包括已經上市的賭博帝國凱撒娛樂公司、米高梅（MGM）、永利（Wynn），以及專營飯店的品牌，如百樂宮酒店（Bellagio）、艾莉亞度假飯店（Aria）、巴黎酒店（Paris Las Vegas）、凱撒宮（Caesars Palace）等。

我們能從這些品牌身上學到的東西多不勝數，內容甚至可以寫成書（也確實有人這樣做過），但其中最耐人尋味的，莫過於他們利用權威吸引眾人目光、建立信任的手法。

說起利用權威吸引人流的高手，就不能不提到名廚戈登・拉姆齊。拉姆齊與凱撒娛樂合作，用自己的名字開了好幾間餐廳。

在我們撰寫本書時，賭城中以拉姆齊為名的餐廳包括：

- 戈登・拉姆齊地獄廚房（Gordon Ramsay Hell's Kitchen，凱撒宮）。
- 戈登・拉姆齊酒吧＆燒烤（Gordon Ramsay Pub & Grill，凱撒宮）。
- 戈登・拉姆齊牛排（Gordon Ramsay Steak，巴黎酒店）。
- 戈登・拉姆齊漢堡（Gordon Ramsay Burger，好萊塢星球〔Planet Hollywood〕）。
- 戈登・拉姆齊炸魚薯條（Gordon Ramsay Fish & Chips，林尼克賭場飯店〔The LINQ Hotel〕）。

除了拉斯維加斯，凱撒娛樂還用拉姆齊的名字，在全國各地的賭場開了好幾間餐廳，如太浩湖[1]和大西洋城。根據《維加斯重點報》（*Vital Vegas*）報導，拉姆齊除了可以獲得授權費，還能獲得每間餐廳的分潤（最低五%），若營業額達一千萬美元，還能額外分紅。

按常理來說，凱撒娛樂付拉姆齊這麼多錢，應該會希望他經常在餐廳露面。但事實恰好相反，拉姆齊的價值恰恰來自他的缺席。凱撒娛樂的合約明文要求，拉姆齊一年只須到拉斯維加斯探班一次，只是一次必須待滿二十四個小時。

你覺得是為什麼？

凱撒娛樂知道**拉姆齊最大的用處不是經營餐廳，而是透過他的書、電視節目與其他媒體事業建立權威、信任及親和力**。拉姆齊的個性、觀點與訊息能見度越高，他對凱撒娛樂的價值也越高，若他只是站在料理臺後做菜，效果就會大打折扣（不過我們可以從電視節目中看出，他確實具備烹飪實力）。

簡而言之，**拉姆齊的價值來自他的身分，而不是能力。**

他的名字被擺在每間餐廳的名稱前、照片被印在賭城凱撒飯店房卡上，他隨處可見的形象，不僅能引起群眾對餐廳的興趣，也會連帶造福周邊事業。

雖然大多數權威人士的名字都不會在拉斯維加斯大道上出現，我們依舊可以學習拉姆齊運用媒體、書籍、個性，在一群早已被商品化的大廚中脫穎而出的手法。

我們可以學到的第一件事，就是多數領導者在自身能見度上升時，都會下意識的擔心客戶向自己尋求更多關注，導致自己無法專注於大局，反倒要處理各種瑣碎的細節。

但事實證明，當**你透過建立個人品牌獲得權威時，能見度越高，顧客越會把你當成思維領導者看待，因而降低直接與你互動的期望值。**

也就是說，到戈登．拉姆齊餐廳消費的顧客，壓根兒不會指望見到他本人。但這種狀態並非一蹴可幾，簡而言之，他在餐廳以外的地方能見度越高，顧客就越不會期待見到他本人。

順帶一提，凱撒宮的地獄廚房餐廳雖然大排長龍、要價不菲，但絕對值得一去。

人們最想看見的特質，是真誠

再來，拉姆齊之所以成功，是因為他選擇做自己、不隨波逐流，這也是我們想要你牢記的道理。他樂於展現自己的好勝心，也不忌諱在大家面前爆粗口，永遠忠於自己的風格，藉此贏得觀眾的信任。

的確，你專精的領域可能不需要拉姆齊式的個性，但如果你想靠個人特色、而非業務

1 靠近內華達州邊界的著名度假區，設有很多大型賭場。

能力贏得眾人關注，並在過程中拓展自身影響力的範圍，那麼在運用性格建立品牌時，傾聽你內心的拉姆齊是個不錯的選擇。

我們還可以從拉姆齊身上學到一個道理，那就是領導者可以透過「真誠」的力量，做出差異化的效果。

商界才子麥克・馬達克（Mike Maddock）在事業起步之初就悟出了這個道理，而財星美國五百強（Fortune 500）中，有逾四分之一的企業都信任馬達克的能力，將勾勒願景與創造成長的重責大任交付給他。我們也有幸與馬達克合作，替他出版過三本暢銷書。馬達克不僅是作者，也創立了六間公司，包括以馬達克命名的諮詢公司 Maddock Douglas，還身兼主題演講者與成長策略教練。

他這樣發現真誠的力量：

有一次，我受邀到全美互助保險（Nationwide）向公司董事會發表演講，那天我打扮得很隨意，只穿了一條牛仔褲，並在T恤外加一件西裝外套。我之所以穿得這麼隨興，是因為幾年前我赫然發現，自己總會在登臺演說前脫下牛仔褲，換上較正式的長褲，把自己打扮得體面一些。

我不禁心想：「我這是在幹麼？聽眾花錢是要聽到我發自肺腑的演說，我卻連穿著都無法做到真誠待人。從今以後，我每天都要穿牛仔褲。」這就是我造訪全美互助保險公司也穿牛仔褲的原因。

一年半後，有人問全美互助保險執行長：「你記得麥克．馬達克嗎？」

你知道他怎麼回答嗎？他說：「是穿著牛仔褲走進董事會辦公室的那個人嗎？」

用真誠的一面待人有種魔力……你會發現最優秀的作者與演講者，都是表裡如一、忠於自我的人。所以無論你的發揮空間是在字裡行間或講臺上，請勇敢的做自己。

布芮尼．布朗（Brené Brown）[2]發表演說時，都會向聽眾講述自己的一段經歷，表示自己曾在某場演講前思緒一直靜不下來。她對先生說：「我要和聽眾分享我的感受。」

她先生答道：「別這樣做，你是研究人員，應該把重點放在數據上。」

但布朗說：「我還是覺得自己應該表達自己的感受。」結果，她在演講到一半情緒崩潰，向所有人展示心中的恐懼，並靠著在臺上自然流露的真誠與脆弱一戰成名。真誠的魔力不容小覷，我認為真誠性是群眾最想在權威人士身上看到的特質。

我們發現，許多剛開始累積能見度的領導者，都認為自己得扮演某種角色，才會被眾

---

2 作者按：美國研究教授，專門研究羞恥、脆弱和領導力。

人視為權威人士。但就如馬達克所言，實際情況其實恰恰相反。

用大白話來說就是，**不要淡化你的性格或刻意模仿他人，想在受眾眼中顯得真誠、可信、有趣的方法，就是忠於自我**。接下來，我們會在分析內容策略時，教你如何運用獨特與真誠的力量。

找到你在目標客群心中的「燃點」

我們知道拉姆齊和馬斯克這些耳熟能詳的個人品牌，那麼，下列這些個人品牌，你能認出多少個？凡爾納・哈尼什（Verne Harnish）、杰米・雷諾醫師（Dr. Jamie Reynolds）、史考特・曼寧（Scott Manning）、莎莉・霍格茲海德（Sally Hogshead）、喬恩・阿考夫（Jon Acuff）。

如果你之前就對這些人的事蹟略有耳聞，腦中或許會浮現一些形象或想法，但我們先大膽猜測以上名字你一個都沒聽過。

這些人都是在各自領域數一數二、頗具影響力的權威人士，如果你不認得這些人的名字，就說明他們建立的品牌尚未擴及到你身上。以此為出發點，我們可以徹底了解建立品牌所代表的意義；**我們在受眾心中建立的形象，都有一個初始的燃點**（flashpoint），很多時候，**這個燃點可以在受眾和你沒有直接互動的情況下形成。**

凡爾納・哈尼什是青年創業者組織（Young Entrepreneurs' Organization，創業家協會的前身）與大學生創業者協會（Association of Collegiate Entrepreneurs）的創辦人，影響力遍及全球，能為他出版書籍是富比士出版社全體員工的榮幸。

哈尼什在二〇一四年發行的暢銷書《擴大規模》（*Scaling Up*）就是個人品牌的基石，以下是他建立權威品牌、利用人際網路連結品牌的方法：

> 首先，我在一九九一年和麻省理工學院（MIT）與《公司》（*Inc.*）雜誌合作，開設專為創業者設計的課程。十年後，共計有六百多名具備成長思維的創業家從該課程畢業，而我整理了這些年累積的相關知識，著手創作並出版《掌握洛克菲勒習慣》（*Mastering the Rockefeller Habits*）。
>
> 撰寫此書是我在建立權威旅途中建立的第二座里程碑，我很後悔自己為什麼不提前十年完成這項目標。我們著手該書時，做了一項創舉——列出上百條來自第三方的實測好評，為書中提出的工具與技巧背書。
>
> 我建立權威的第三步驟，就是在《掌握洛克菲勒習慣》中向讀者推薦我的部落格，並

鼓勵他們訂閱。我每週都會發一篇文章，訂閱人數（皆為企業執行長與高階主管）已經突破十萬人，為我後續從事的各種活動提供動力，而我與讀者建立的連結，也成為推銷我其他著作的利器。

哈尼什與受眾建立連結，並抱著達成使命的心態造福眾人，因而成就了輝煌事業。

不過，在造福大量受眾之前，你一定要先建立一個值得被信任的形象。接下來，我們將透過了解建立品牌的兩個流程，來審視你的品牌。

第五章

沒見過面，
就留下第一印象

荷莉（Holly）是出了名的反社群媒體人士。

她以反社群媒體為榮，並無時無刻提醒團隊成員與親朋好友，說自己很忙，沒空直播自己的一舉一動給別人看。

荷莉在一間顧問公司擔任執行長，她的生意全都來自客戶的引薦，所以「完全不在乎行銷」，並為此感到驕傲。

雖說公司所有的業績都來自內部推薦，但荷莉依舊很滿意他們目前的成長表現。我們還記得第一次見面時，荷莉就表明她的公司只靠實力說話，除此之外，荷莉還說，無論人數有多少，她都不在乎來自外部的顧客，反而更重視客戶推薦的客戶，哪怕只有一人。

不過有一點荷莉沒有考慮到，那就是客戶向朋友推薦她的公司後會發生什麼事。我想多數人都不會因為一句推薦，就立刻拿起電話告訴對方自己對提案書的要求。他們通常都會先做點功課，查一查荷莉與這間顧問公司的風評，確保推薦人不是因為運氣好而享受到優質服務。假設荷莉在網路上營造的品牌形象與推薦人的描述不符，便有可能影響對方的合作意願。

對荷莉來說，許多被推薦人之所以沒有採取實際行動是因為：

1. 荷莉與知名奧運運動員同名，導致許多人在搜尋荷莉的姓名後，只會看見運動員的資料（我們之後會教你如何解決這個常見問題）。

2. 找到荷莉 LinkedIn 頁面的人會發現，她似乎忘記登入密碼了，因為檔案在二〇一四年後就沒再更新過。另外，雜亂無章的官方網站也讓人開始懷疑她的專業能力。

換句話說，雖然荷莉的顧問公司憑著出色服務獲得不少推薦機會，但由於她忽視了網路品牌的重要性（甚至以此為傲），因此實際聯絡她的客戶只占所有人的一小部分。

荷莉的處境聽起來是不是有點耳熟？你是否也以身為退居幕後的僕人式領導者為榮，認為自己只靠實力說話？

如果你的答案是肯定，我只能說，這種刻意不打造品牌的行為，會讓你及你的團隊付出巨大的代價。不要以為只要不建立品牌，別人就無法從網路上看見你的品牌形象。假如不主動營造，只會害你失去對自我形象的主導權。

我們認為，這種鴕鳥心態只會導致以下兩種結果：一是到最後壓根兒沒建立起半個品牌（因為沒人能找到你），二是品牌無法反映你的真實樣貌和你能提供的價值。

若你也面臨這種窘境，請參考我們協助荷莉透過樹立權威、刺激業績成長的案例。我們希望你也能從善如流，持續提供優質服務，但這次請不要讓成績說話，而是要勇敢向前邁進一步，讓功勞的音量變得更大。

接下來，讓我們深入研究建立真誠領導者品牌的方法。

建立形象的兩大階段

如上一章所言，建立品牌就是在受眾心中塑造形象。以下是塑造形象必經的兩個不同階段：

1. **第一階段：互動前階段（Preengagement）**。此形象會在對方尚未與你、你的公司，或你想傳遞的訊息實際互動前就形成。
2. **第二階段：互動後階段（Postengagement）**。此形象會在對方以顧客、團隊成員、潛在客戶、合作夥伴甚至鄰居的身分，與你直接互動後形成。

我們會先分析第二階段，因為這是荷莉這類領導者較能認同的階段。

互動後階段會在某人與你有過有意義的互動後開始，有意義的互動包括首次見面、對方向你購買產品、閱讀你寫的書、購買你的服務、聆聽你的演講、參加你舉辦的活動、以雇員的身分加入你的團隊等。

只要回答下列問題，你就能大概知道自己在第三階段營造出哪種形象：你的表現是超出、還是無法達到對方預期？

此原則適用於所有交易過的品牌，如巷尾那間新開幕的餐廳、你和家人一起去欣賞的電影、你聘請的顧問、一本書（例如你正在讀的這本）。當然，你之所以會選擇這些人事物，其實都是受「第一階段」影響，不過他們在你心中的最終形象，還是取決於其表現是不及、符合或超乎預期。

請想一下那些你反覆光臨的品牌，你之所以會成為常客，是因為他們憑著優秀產品、服務或內容，在你心中樹立起正面的形象。也就是說，他們的表現超乎你的預期。

對大多數企業來說，互動後階段由顧客體驗驅動，若你的執行能力良好，甚至超出顧客的預期，就更有機會在互動後階段，於受眾心中建立起穩固的形象。

這邊所指的穩固，代表顧客推薦、顧客好評、團隊成員留任率與業績成長等特徵。

不少企業主和領導者都跟荷莉一樣，樂於建立互動後階段品牌，他們會埋頭苦幹，朝向唯一的指標邁進——取悅顧客。到了最後，他們會驕傲的宣布公司的業務都來自顧客推薦，並用輕蔑的態度看待品牌建立，認為自己「根本不需要花力氣搞這個」。雖然他們是優秀的執行人員，但就能見度來說，這類領導者會落在權威矩陣Y軸的末端。由於他們總是仰賴互動後階段來刺激成長與利潤，最終勢必會讓自己落入高風險的處境中。

主要靠互動後階段發展的品牌，無法直接掌控客戶流（lead flow），這一點就是成長遭限制的原因。他們能直接控制的因素，就是憑藉優質的服務讓舊客戶感到賓至如歸，進而為他們推薦新客戶。但後面的事情就不是公司能控制的了，他們只能期待客戶能出席對的活動、遇見對的人、提出對的問題，讓舉薦流程順利進行。簡而言之，仰賴互動後階段發展的企業，只能被動的祈禱電話響起，他們無法像具備權威效應的品牌那樣，用系統化的方式創造客戶流。

但這並不代表，成功的品牌或企業就不必為顧客、團隊成員、利害關係人持續提供超值的服務，好好經營互動後階段。不過，對所有企業而言，取悅顧客都只是最基本的門檻，如果一間公司連互動後階段都經營不好（即無法提供超值服務），那當務之急就是好好整頓自身業務能力，而不是建立權威。

假設你的品牌已經將互動後階段打理得很好，也擁有滿意度高的顧客群與優秀團隊，接下來就必須用系統化方式創造權威，來提升成長速度。

所謂系統化方式，指的就是第一階段——互動前階段品牌建立。我們在前面說過，目標受眾還沒與你直接互動前，他們心中就會形成關於你的第一個燃點——形象。

這種現象會發生在下列幾類人身上：

- 潛在顧客（包括透過互動後階段創造的推薦客戶）。
- 潛在戰略夥伴（包括經由他人推薦而獲得的夥伴）。
- 記者。
- 會議企劃人。
- 具影響力的知名人士。
- 潛在員工。
- 鄰居。
- 潛在的商業姻親。

有一點必須特別說明，那就是**在現今的媒體環境下，你在互動前階段的品牌口碑，完全由谷歌（Google）說了算**。

想建立起自己的品牌，並努力攀上Y軸高處，在互動前階段創造權威效應的領導者，一定要具備下列三項要素：

1. 曝光度（discoverability）。

2. 連動權威（authority by association）。
3. 訊息明確度（message clarity）。

我們先來分析其中最重要的曝光度，也就是確保想找到你的人都能找到你！

在思考如何為人留下良好的印象之前，你應該先問問自己，你有沒有在嘗試打造印象？先來做個簡短的練習（品牌稽核）：打開你的電腦、開啟隱私瀏覽分頁（目的是移除所在位置）、點開谷歌、在搜尋欄打上自己的名字並查看搜尋結果。

集客式行銷平臺 HubSpot 近期研究指出，**谷歌搜尋頁面的總點擊數，有七五％都落在前五項搜尋結果上**；你可以把這五項結果想像成報紙廣告頁靠上的位置，這代表**我們只要關注搜尋結果的前五名即可**。

若你可以拿下這五個位置（能讓個人品牌網站出現在搜尋結果第一位更好，最理想的是一人包辦前五名），那麼恭喜你，你成功符合在互動前階段成功建立品牌的第一個要求：曝光度。

假設搜尋結果的前五名都不是你，那麼我們現在該擔心的，就不是你應該打造哪種印象，首要之急是解決曝光度問題，也就是先打造一個印象。

數據顯示，使用者大多懶得查看排名靠後的搜尋結果，更不可能一邊吃午餐、一邊挖掘與你有關的搜尋結果頁面。也就是說，你現在碰上了建立個人品牌的入門難題：提升曝光度。

如果你根本沒有出現在搜尋結果中，那就要先探討問題的源頭。造成這種現象的原因不外乎下列兩種：

1. 與你同名同姓的人太多，或是你的姓名太特殊，且剛好與你同名的人能見度特別高，像是知名球星、政治人物、演員，或是一九七〇年代的變態殺人狂。
2. 你的網路參與度極低，錯過了建立第一印象的機會。

如果你的姓名真的太常見，我們會建議你改名。是的，你沒看錯，雖然聽起來有點極端，但這是非常認真的建議。你可能沒料到，自己居然會因為一本書而考慮改名，但許多希望自己的名字能被受眾搜尋到的人，都跨出了這一步。

本書前言作者大衛·梅爾曼·史考特（David Scott）。

他很聰明，在事業剛起步時就發現自己的名字太過普通，一般人根本無法透過網路搜尋到他。於是，他便在姓與名中加了一個中間名，確保當有人提他、搜尋到他的名字時，第一印象不會被其他大衛．史考特搶走。

人的姓名是一項數位不動產，若太過常見，就代表你必須和許多人共同持有這項不動產。假設你堅持使用這個名稱，就會發現自己難以在排名上戰勝其他對手；這種堅持只會令眾人無法找到你，最終導致行銷與推薦難以奏效。

我們知道要求你改名有點極端，但**擁有特殊的名字絕對是一項優勢**。在姓名中使用縮寫、小名，或是加入英文名字等，你就進入了一片全新且閒置的數位不動產；你可以在這裡宣示自己的主權，讓所有搜尋你姓名的人立刻找到你。

下一步就是到網域註冊商 GoDaddy，查詢你的品牌名稱能否申請網址（例如兩位作者的網站：AdamWitty.com 和 RustyShelton.com），如果查詢結果顯示「可以」，請立刻花錢買下來，並同時幫子女與孫子女購買網址。你可能覺得我在瞎掰，但你現在其實正在購買虛擬不動產的「地段」，這些地段只會隨著時間升值。

接著，你得將官方品牌名稱應用到所有與你有關的事物上，包括名片、個人履歷、媒體介紹文字、書籍封面、臉書頁面、LinkedIn 帳戶等。

這就是你的品牌，無論你身處什麼場合，不管是以演講人身分登臺，或是在社交聚會上與人攀談，都要記得把品牌放在最前面，因為它是專屬於你的事物，也是你事業的基石。

我們發現，很多領導者無法堅持使用同一種版本的姓名，這是錯誤的做法。最常犯這種錯的人是醫生與博士，他們可能會在 LinkedIn 上自稱「Dr.」（指醫生或博士），但在其他網站又說自己是 MD（醫學博士）。此外，他們還喜歡在電子郵件簽名中，加入自己的中間名首字母縮寫，但在其他網站或文字中則不用。

不連貫的姓名，就像散落在不同數位不動產上的磚塊一樣，會令受眾感到困惑，你也無法將磚塊砌在不同的不動產上，藉此提升能見度。這會導致谷歌和其他搜尋引擎演算法看不見你，使你落於人後。

我們希望你堅持使用相同的「品牌」名稱，一旦決定了就貫徹始終，在所有地方都用一模一樣的名字。

你可能沒想到，自己不過才讀到第五章而已，我們就要求你改名。但是，打造明確且統一的品牌名稱，是累積能見度、創造權威效應的關鍵。擁有專屬於自己的姓名後，我們的下一步就是打造意向品牌（intentional brand）。

我們會在第六章探討建立線上品牌需要的另外兩個元素：連動權威與訊息明確度。

第六章

旁人一句讚美，勝過自吹自擂

環顧你身處的產業，你覺得你們這一行商品化程度最高的形象是什麼？換個問法，假設有人向我推薦六間公司（其中包括你的品牌），你覺得我在谷歌查完你們的名字後，腦中會浮現什麼形象？

以下是我們認為各領域中商品化程度最高的形象：

- **律師**：律師事務所網站上的個人履歷，搭配正式大頭照，背景是擺滿皮革裝訂法律書籍的書架。
- **心理醫生／牙醫／齒顎矯正醫生**：若網站被列在 Healthgrades、Vitals 與 WebMD[1] 的清單中，又剛好被搜尋到，很有可能會看見醫生穿著白大褂拍下的大頭照，照片旁搭配一長串履歷摘要（以畢業於哪間醫學院開頭）。
- **財務顧問**：很有可能在經紀人網站或 LinkedIn 個人檔案頁面上看見個人履歷，搭配與律師風格類似的大頭照，背景是辦公桌或書架。
- **企業領袖**：根據我們稽核企業領導者的經驗，光是能找到這些人的 LinkedIn 個人檔案（資訊久久更新一次，背景圖片還用高樓大廈或沙灘落日等預設圖）就已經謝天謝地。
- **房地產經紀人**：照片可能是腰部以上的半身照，雙手抱胸、上身微微後傾，背景圖片是大大寫著「已售出」的招牌。

利用這種千篇一律的商品化形象，只會使自己隨波逐流，不可能與抱持懷疑心態的受眾建立信任。

以財務顧問為例，假設我剛把公司賣掉，賺了一大筆錢，現在想透過朋友推薦的五名財務顧問購買一些投資產品。在決定與哪位顧問見面前，我一定會先評估朋友的建言，確保他推薦的顧問能穩定提供優質服務。

我逐一搜尋每個人的名字，並在金融服務公司恒達理財（Edward Jones）或美林證券（Merrill Lynch）上找到某些人的履歷，也有可能看到某顧問的 LinkedIn 檔案、某個企業商標，或是早已被用爛的夕陽背景，搭配毫無特色的大頭照。

我剛剛描述的都是一些高度產品化的形象，身為顧客的我在面對這些形象時，會自然而然占據權力的地位。當我真的約他們出來談生意，勢必會不客氣的質問他們能幫我賺多少錢，以及他們和其他顧問有什麼不同之處。這時他們就會落於下風，必須盡力推銷自己。這是因為對方缺少權威，根本來不及和我事先建立信任，我們之間有的不過是朋友的一句推薦。

---

1 以上皆為提供醫生、醫護人員、醫院、醫療機構相關訊息的公司。

如果每個人的條件都一樣，那我就會根據便利性、價格和地點，決定聘用哪位顧問，畢竟我們在購買產品時，考慮的不就是這幾項因素嗎？不過，假設其中一名被推薦人具備權威效應，故事的走向會不會有所改變？

若我在搜尋其中一名顧問的名字後，找到專屬的個人網站，這件事會不會影響我的決定？我發現這名顧問的網站的背景圖片，是他在母校演講的照片，接著又注意到對方近期的媒體點閱量，以及他撰寫的書籍。

此外，這名顧問還解釋了自己投身財務顧問領域的原因，以及服務眾人背後的使命，完美平衡了上述各種形象。

這名顧問呈現出的一切都令我刮目相看，而我也漸漸開始信任對方，突然覺得能與他單獨見面是我的榮幸。

「你說接下來四週的預約都排滿了嗎？沒關係，我可以等。」等到我們兩人真的坐在同一張桌子前，我一定不會質問對方的能力，反而會抱著虛心求教的態度聽他說話，因為我對他的信任，早在見面之前就已經建立起來。

你看出兩種情境的差別了嗎？你該如何扭轉自己在目標受眾心中的形象，從產品搖身一變，成為懷抱使命的思維領導者，並讓受眾將你視為專家、聆聽你的教誨？

讓我們一步步朝這個目標邁進。

連動權威，實際互動前就建立信任

第五章講完如何獲得曝光度後，接下來我們還要設法建立連動權威，加快信任的速度。當你的名字成為廣大受眾心中具有意義的品牌時（如大廚拉姆齊），就可以將自己與其他在目標受眾心中具有意義的品牌做出連結，達成差異化。這就是連動權威，也是在與目標受眾實際互動前，搶先建立信任的關鍵原則。

這種策略的成效顯著，連全球知名品牌達美航空（Delta Air Lines）也會利用連動權威來增加信賴度，強化乘客的信心。

因為我們經常搭乘飛機，所以相當樂見航空業在後疫情時代起死回生。說真的，一些原本我們在搭飛機時容易感到不爽的事，不知怎麼的，因為疫情而變成了溫馨的回憶，例如美國運輸安全管理局（TSA）檢查點前大排長龍的隊伍、登機時眾人你推我擠的戰爭與鄙夷的表情，即便是跟鄰座乘客爭奪扶手的角力，也令人回味無窮。

除了重溫回憶中的小細節，我們在近期的一趟旅程中，還注意到一件事情，那就是達美航空在登機門旁新增的圖案。這些圖案是近年頒獎給達美航空的媒體公司商標，此策略堪稱連動權威的經典案例。

達美航空是全球能見度最高的品牌之一，他們深諳一個道理：**自吹自擂的文字，遠比不上旁人的一句讚美。**

無論你的品牌多成功，都要關注每一個被你的目標受眾信任、看重的品牌，並把握和他們連動的機會。

當然，你經營的品牌不一定要與航空事業有關，但達美的策略提醒我們一件事——無論一個品牌飛得有多高，都能從連動權威中獲益。

我們可以做一個小測驗，看看你目前實踐連動權威的程度。請拿出你的個人履歷。

閱讀履歷時，請注意以下重點：你利用多少知名品牌再行銷（remarketing）[2]自己的品牌？這些品牌可以是媒體管道、和你在同一個場合登臺過的演講人、你拿過的獎項、所屬的團體、任職過的公司，或是其他更籠統的分類，例如作者、專業主講人或Podcast來賓。

具體品牌的影響力比籠統品牌大，假設有人聲稱自己是一名專業演講者，這個頭銜雖亮眼卻過於籠統，無法做出差異。

但假如說自己曾上過TED演講，或曾與演說家東尼・羅賓斯（Tony Robbins）抑或《富比士》總編輯史帝夫・富比士同臺，對方的品牌就會和TED、羅賓斯和富比士的形象串連在一起，被受眾牢牢記住，產生巨大的影響力。

同理，出過書的作者也是不錯的頭銜，但相較之下，明確指出自己的書是由富比士出版社或蘭登書屋（Random House）出版，會更令人刮目相看。

在檢查個人履歷時，請想想如何讓自己的品牌變得更具體。只要做到這一點，閱讀履歷的人就能和你迅速建立信任。

掛上商標金腰帶、背景圖、書封照片

文字履歷固然重要，但在現今社會中，大多數品牌形象都是透過視覺元素建立起來。正因如此，除非你能在訪客進入網站或LinkedIn頁面時，立刻用合適的視覺元素吸引他們，不然他們一定會在看到你的履歷前就離開。

我們最近才與一名成功的演講人見面，他想提高他的出場費，市場卻不怎麼買單。他曾做過TEDx演講，也在不少頂尖會場登臺過，但出場費卻遠低於市場行情。我們大略瀏覽他的營銷策略，並明確告訴他，問題不是出在他的專業能力或演講品質，而是市場如何看待他的權威。

2 將你的宣傳及訊息，推播給不是第一次接觸你的人。

我們來分析他的個人網站。

他和大多數演講人一樣，在網站首頁放了一張自己發表演說的照片。然而，光憑一張照片，訪客根本看不出場地在哪、人數多寡或演講內容等資訊。這張照片只能將他與籠統形象——演講——連結在一起，無法為他塑造一個具體品牌，讓他的權威上升到另一個層級。

解決方法很簡單，只要將視覺元素從籠統的演講照，換成在 TEDx 演講的照片即可，但一定要露出 TEDx 的 LOGO，還要拍到聽眾全景。這麼一來，點進網站的訪客內心就會形成一個截然不同的形象，直接將演講人與 TEDx 連結在一起。

這樣下來，會議企劃人看到他的檔案，反而會覺得花兩萬美元（此價格是他之前出場費的兩倍）請到這麼優秀主講人，是他們撿到便宜，而演講人做的其實也只是利用連動權威的價值方程式罷了。

現在，讓我們來看看你的網站。

訪客進入你的個人網站後，會先看到什麼視覺元素？是從某網路圖庫購入的情侶微笑照嗎？還是你坐在辦公桌後的照片？會不會是你最近剛拍的大頭照？如果你的答案為肯定，代表你和其他不願建立連動權威的競爭者一樣，全都擠在權威高塔的底層掙扎。

齒顎矯正醫師喜歡用微笑的青少年作為背景圖；大部分律師鍾情於自己拿著筆坐在辦公椅上的形象；財務顧問最愛和團隊合照，或是秀出從圖庫買來的祖父母漫步沙灘照，搭配同樣從圖庫下載的孫子女照。產品化視覺元素是一片流沙，請不要傻傻跳進去。

你應該讓訪客看見能立刻建立起連動權威的視覺元素，怎麼做到？以下是我們推薦的三招組合拳：

1. **背景圖：**最理想的背景圖是你站在講臺上發表演說的照片，別忘了把品牌商標和聽眾都拍進去。網站訪客第一次見到你，當然不知道你是誰，但他們一定會認出你身後那片帷幕上的富比士商標。看到這個網站，他們現在心裡想的就是公司的預算夠不夠，或是你的檔期是否已經排滿。

2. **具體商標金腰帶：**如前面所述，提升權威的最佳方式，就是與具體品牌連動。我們會建議你**接受大間媒體管道的專題採訪，藉此再行銷自己的品牌**。除了將媒體管道商標放在個人網站顯眼的位置，也要在個人履歷中提到這件事情，並在背景圖下方秀出四到八個你上過的媒體。除此之外，你也可以貼出曾任職過的知名企業商標或得過的獎項。

3. **書籍封面：**如果你出過書，務必在具體商標下方添加出版物的立體書封圖片（如果符合實際情況的話，可以加上「暢銷書」三個字）。

圖表 6-1　運用連動權威三招組合拳

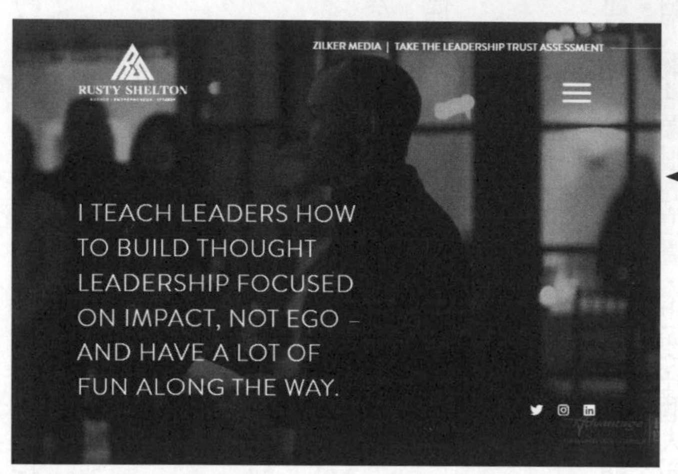

背景圖：站在講臺上發表演說的照片。作者使用動態影片，可以看出聽眾及演講場地。

SPEAKING EXPERIENCE

具體商標金腰帶：將媒體管道商標放在個人網站顯眼的位置。

THE AUTHORITY
— ADVANTAGE

My latest book, The Authority Advantage: Building Thought Leadership Focused on Impact, Not Ego (Forbes Books, 2023) is written alongside my friend and partner Adam Witty...

BARNES&NOBLE

READ MORE

書籍封面：在具體商標下方，添加出版物的立體書封。

（圖片來源：作者謝爾頓官網。）

我們可以透過下列實例，看看連動權威如何幫助你快速拓展人脈。

蜜雪兒・莊士頓博士（Dr. Michelle Johnston）是管理學教授、企業主管教練兼專業演講者人，同時是暢銷書《領導力大地震》（*The Seismic Shift in Leadership*）的作者。在投入寫作的那段時間，她發現連動權威可以帶來巨大優勢：

> 我開始在 LinkedIn 上發文討論我的新書、過去訪問領導者的經歷，還有我在這些過程中學到的東西，粉絲人數也越來越多。剛好也是在那陣子，馬歇・葛史密斯（Marshall Goldsmith）成了我的導師，他是全球頂尖的企業主管教練、《紐約時報》暢銷書作者，也是全球頂尖的思維領導者，而這件事徹底改變了我的人生。
>
> 當時我還不太熟悉社群媒體，不知道貼出與他的合照並獲得他的背書，會讓我躍升為他的人際網路的一員。
>
> 我的貼文瀏覽人數瞬間飆升至千位數，之後馬歇還邀請我加入他創立的精英組織百大教練（100 Coaches）。我就這樣在一夜之間成了能和一群《紐約時報》暢銷書作者與全球思維領導者比肩的人，這就是連動權威的力量。

訊息要明確，別讓客戶猜

頂尖權威品牌會小心翼翼的在下列兩件事情中取得平衡：利用視覺元素建立可信度，同時推動以使命為核心的思維領導力。

除了在網站、LinkedIn、推特（Twitter）[3]中加入視覺元素之外，還要附上各種你平時不願說出口的介紹詞，例如稱自己為媒體名人、鶴立雞群的領袖、業界翹楚、眾人搶著合作的領導者等。此外，請用文字描述自己的個人特質，並清楚傳達自己從事這份工作的「原因」，這些文字對訊息明確度（即互動前階段的第三要素）來說相當重要。**不要讓受眾去猜你想表達什麼，而是要用明確又讓人印象深刻的方式表達自己的想法。**

隨著你的能見度與權威漸漸變高，會有越來越多訪客點進你的個人網站。他們不會立刻購買你的服務，而是會先從網站內容中學到一些東西，我們希望你加入的視覺元素，能讓這些訪客注意到你想傳遞的訊息。

接著，你提出的訊息必須明確解釋為什麼你就是目標受眾的最佳人選，想做到這點，就必須將訊息與個性及個人使命劃上等號，我們會在本書第三部教你如何取得平衡。

雖然塑造正確的形象只是打造權威效應的一部分，但如果缺乏形象，你就無法創造有意義的動能。

即便沒有能見度高的品牌，你依舊能透過內容行銷、公關策略、演說或推薦行銷（referral marketing）[4]來創造關注度。但缺乏品牌的企業幾乎不太可能增進受眾成長與客戶流，因為如果缺乏品牌，就算你能提供高品質的產品或服務，在網路上搜尋相關資訊的人在互動前，仍無法看見相對應的形象。

以下是哈尼什提升訊息明確度的方式：

> 在足夠多的人心中建立起一、兩個專屬於企業的關鍵詞，並藉此擴大企業規模，這就是行銷的意義。我之所以將我的書名定為《擴大規模》（*Scaling Up*），就是要宣示公司對「scale up」一詞的主權。除此之外，我還將自己的教練與顧問公司更名為Scaling Up，並建設同名媒體網站（網址為www.scaleups.com），目的就是要把相關詞彙全都納入麾下。
>
> 我們希望《擴大規模》一書能成為別人對我們的第一印象，其次則是希望眾人能透過網站學到相關工具、技術的使用方法並從中獲益。這本書就是我們的「名片」，我們所做

3 於二〇二三年七月更名為X。

4 企業鼓勵客戶向其他人推薦服務、產品或體驗，客戶則能藉此換取獎勵。

的一切都是為了推銷《擴大規模》，而我們出版的四本書總銷量也已突破八十五萬本（包括實體書、電子書與有聲書，其中《擴大規模》銷量高達五十多萬本）。

每辦一場演講，就會送出五百本書，這種做法可以讓作品本身獲得曝光度，若聽眾覺得演講人提出的觀點不錯，也可以重溫相關內容。

此外，我們有超過兩百位合作教練，會定期舉辦一日研討會，向潛在客戶傳授企業擴大法的優勢，過程中絕對不會出現狗血的創業辛酸故事。

我們要再次重申，建立品牌的兩個階段一樣重要。如果你和荷莉一樣完全忽視互動前階段，就會埋沒自己大範圍影響他人、創造價值與信任的潛力。假設你忽視互動後階段，那就更不用說了，代表你不打算為合作對象提供超值服務，這種做法無疑是將負評的定時炸彈握在手中。

根據我們的經驗，大多數創業者不用人教就知道互動後階段的重要性（連這點都不懂的人根本無法經營公司），但在面對建立品牌的第一階段時，卻容易選擇視而不見或屢屢受挫。正因如此，創造個人權威才會成為企業成長的加速器，讓你在競爭激烈的商界獲得獨一無二的優勢。

所以說，創造這個效應究竟有什麼好處？建立起權威品牌後，你會立刻看見它帶來的成效，那就是：身邊的朋友都會樂於把你推薦給他人，因為他們知道你的表現一定會讓他們超有面子。

還記得第二章的安蒂·賽門博士嗎？在建立起權威品牌後，她便親身感受到這股效應的作用，以下是她的證言：

我在二〇〇二年，也就是二十年前創立了自己的公司，而在這之前的近二十年間，我一直都在金融企業和醫療機構擔任主管。有次我和我的公關見了一面，討論我的定位，以及之後要為顧客提供什麼服務，也聊到了我的專業背景（文化人類學家）。

他提出了一個想法，說要把我塑造成專門協助組織轉型的企業人類學家。

從那天開始，這句話就成了我的品牌、使命與熱忱。大多數人都痛恨改變，我們的大腦也不喜歡變化。即使企業已經陷入困境，經營者依舊會抗拒新的做法和陌生的人事物。我的工作就是要教他們如何擁抱改變，用新的方式看待、感受與思考事物，並在改變的過程中，獲得個人與公司的成長。

在創立與培養自己的公司時，我也用了類似的方法，將公司歸納在一個特殊的類別下：企業人類學。當時幾乎沒人了解這個概念，而絕大多數潛在用戶也對此一知半解。我突然發現，自己必須趕緊做些什麼來建立名聲與個人品牌，我的做法如下：

1. 用故事闡明客戶需求，以及我能提供哪些服務來解決他們的痛苦或問題。由於客戶對我作業的方式比較不感興趣，所以我也不用耗費心力向他們解釋人類學家的工作內容，而是直接和對方討論合作方式，分析阻礙、限制成長的原因，找出解決方案。

解決方案大多唾手可得，他們只要張開眼睛就能看到。此外，我也會要求他們把自己當成人類學家，和我一起思考如何用新的方式招攬客戶、解決問題、維持公司成長。到了最後，他們會將我推薦給其他遭遇困境、事業停滯不前的同事。

2. 用書面呈現所有內容，幫助客戶理解我在做什麼，以及執行的方法。我很喜歡內容行銷的概念，所以在架設個人網站時，會使用各種類型的素材，例如影片、線上研討會、白皮書（white paper）[5]、部落格與 Podcast 等。我認為建立並維持權威的首要任務就是忠於自我，但與此同時，我也必須讓客戶了解我販售的服務是什麼，並告訴他們該如何與我一起解決眼前的挑戰。

3. 舉辦工作坊。我可以透過工作坊與潛在客戶互動，教他們如何從不同的觀點看待事物，並藉機推銷自己，讓他們知道我具備問題解決能力。這項策略確實有效，能穩定的為公司帶來客戶。

賽門為自己的品牌下了明確的定義，並利用內容行銷維持品牌形象，還將品牌拓展到自身專業領域中。她的策略不僅建立了個人權威，也為公司帶來穩定的客戶流。

接下來，我們將教你如何和賽門一樣，透過建立權威效應，創造更多推薦客戶。

5 具有權威性的報告書或指導性文本作品。

第七章

經營品牌，要像出版電子報

本書作者謝爾頓從沒去過底特律，有次他受邀前往一場在底特律舉辦的活動發表演說，而主持人剛好是權威媒體（Advantage Media）資深成員杰米・雷諾醫師[1]，所以謝爾頓內心格外激動。

雷諾是美國中西部長最快速的齒顎矯正中心 Spillane & Reynolds[2] 的領導者，在業界素來以懷抱使命感的權威人物著稱。

活動會場是位於底特律是中心的新羅拉飯店（Shinola Hotel），受邀參與的牙醫師過去都曾推薦患者到 Spillane & Reynolds 接受治療。這次聚會的目的不僅是為了表達感恩之情，也是要謝謝他們願意成為社群的一分子。

在前往會場的路上，雷諾特地帶謝爾頓到底特律市郊看看新開幕的治療中心。治療中心給人的感覺非常舒服，關於品牌建立的所有細節都照顧到了，現場還有很多有趣的設施，供等候看診的小孩玩耍。但謝爾頓的目光最終停留在一樣與齒顎矯正中心格格不入的東西：一面大型金鑼。

謝爾頓問道：「這面金鑼有什麼用？」雷諾則帶著微笑解釋，說他們和多數齒顎矯正中心一樣，都必須靠客戶推薦、照顧好現有客戶來維持生意（大多數企業都是這樣）。在他們看來，創造推薦客戶的第一步，就是在互動後階段提供超值服務，如積極關心患者體驗與團隊成員幸福度。

但他也知道，光是讓患者感到滿意，無法帶動他心中預期的業績成長，所以他必須用趣味的方式，鼓勵他們說出自己的體驗。而這就是治療中心裡有一面鑼的原因。

多數齒顎矯正中心經營推薦行銷的方式是，患者接受最後一次治療後，會和家長一起走到櫃檯，由家長支付診療費用。櫃檯人員在入職時已經接受訓練，知道此時要讓患者與家長知道，推薦客戶是治療中心的命脈，所以都會問家長：「你知道還有誰家有小孩要戴牙套嗎？」在提問的同時，她會一邊拿出宣傳單給客戶。

可怕的是，在這場互動中，每個人都超級尷尬。

雷諾醫師不打算用這種充滿交易性質、卻效果甚微的手法推廣，而是鼓勵患者與家屬暢談自己在這裡享受到的「驚喜」體驗。他們集思廣益，最後想出了「推薦時刻」（referral moment）策略，藉由敲鑼為患者營造勝利的氛圍。

在患者拆牙套當天，治療中心每個人（從櫃檯接待員到文職人員）都會放下手邊的工作，聚集在主治療室內的金鑼旁。其他的病患也會轉過頭來，看著擁有一口整齊牙齒的前患者，帶著燦爛的微笑敲響金鑼，並為對方歡呼。對孩子而言，響起的鑼聲不僅象徵真實

1 官網：www.askdrreynolds.com。

2 官網：www.myamazingsmile.com。

的情感，還極具紀念意義，而家長也會立刻將影片上傳到 Instagram 與臉書。

貼文的內容除了提及孩子的新笑容有多美，一定也會誇讚診所提供的優質服務。相較於傳統診所提醒患者推薦客戶的手法，以及尷尬的手冊發放流程，你覺得哪種策略更有效？

這種「推薦時刻」，能開創真正的雙贏局面，因為推薦方會迫不及待想與眾人分享心得。此外，這也鼓勵推薦方，暢談自己在齒顎矯正後享受到的最佳體驗，並告訴大家，這種高級療程，只有 Spillane & Reynolds 能做到。

推薦行銷，讓眾人都想與你的品牌互動

口碑行銷協會（Word of Mouth Marketing Association，簡稱 WOMMA）指出，美國每天會產生約二十四億段討論品牌的對話。你覺得這二十四億段對話中，有多少與你的品牌有關？你如何確保今後與你的品牌相關的對話內容越來越正面？

我們將在本章深入探討這兩個問題。

和新客戶聊天時，應該沒有比聽到「有人向我推薦……」更振奮人心的開場白了。

這句話會立刻改變銷售互動的劇本，因為你的品牌已經有對方朋友背書，代表你們之

間已有一定程度的信任。擁有這項優勢後，你就不必急著向對方證明你是解決問題的不二人選。

慕名而來的客戶不僅能成為公司的「速成」顧客，還能替領導者打一劑強心針，因為有人推薦代表產品或服務的品質優良。

雖然經人引薦的客戶可以為企業帶來不少優勢，但有太多老闆都過分仰賴這類客戶，將營業額增長的重責大任放在他們肩上。當我們問領導者，他們的公司是如何開發新客戶時，許多人都用略帶自豪感的口氣說：「我們的客戶全部都是熟客推薦。」

每每聽到這類回答，我們就能斷言該公司符合下列兩種情況：

1. 內部營運良好，且可以向顧客提供超值服務（這也是所有成功企業的基石）。
2. 成長速度偏慢。如果他們只是坐等推薦客戶上門，而不是主動嘗試提升推薦客戶人數，成長速度只會變得更慢。

雖然這類企業會驕傲的向眾人展示第一種面向，同時卻會被自己的第二個面向搞得心力交瘁，因為他們無力掌控公司客戶流。假設推薦客戶在你的整體客戶流中占比相當高，而你也不像雷諾醫師一樣，會去制定策略拉攏這個群體，那就只能受制於顧客不固定的推薦行為。

再次重申，我們不是說仰賴互動後階段經營的企業不好，這類企業通常都具備優秀的營運能力。畢竟，如果顧客沒有享受到優質的體驗，也不可能推薦其他人來消費。

可是，當你將拉攏顧客流這項業務完全外包給其他人，就等於限制了自己對客戶開發的話語權，徒增企業的風險。沒錯，你可以透過提供優質服務，間接帶動推薦客戶的人數，但推薦行銷的真諦在於心態轉換，從被動等待轉變為主動出擊。

簡而言之，什麼都不做、只是苦等電話響起，會令創業者或領導者感到無奈。然而，這卻是不少優秀企業與僕人式領導者的真實寫照！

接下來，我們將深入剖析推薦行銷之道，告訴你為什麼這是成就權威效應的關鍵。

面子，是人們推薦的最大動機

美國鄉村俱樂部的數量多得令人咋舌，且絕大多數都面臨著相同的挑戰，那就是拉攏更多會員。這些俱樂部每年耗費上百萬美元建立品牌、打廣告、發送推銷信、經營社群媒體、開設會所、籌辦青年家庭計畫、營隊與各種宣傳活動，為的就是勾起潛在會員的興趣。

但這些投資卻不見太大成效，因為他們的對手太多，包括高爾夫球課程、社區游泳池、餐廳，以及其他對群眾錢包虎視眈眈的娛樂項目，而激烈的競爭也是俱樂部產業沒落的原因。

雖然許多鄉村俱樂部都知道，由舊會員推薦新客是業績達標的捷徑，但只有為數不多的業者知道如何鼓勵會員，讓他們樂於主動介紹朋友加入。

基本上，我們會向別人推薦產品或服務，都是出於以下兩個原因：

1. 我們相信這項產品或服務能取悅對方，所以願意為其背書。
2. 推薦產品或服務能讓自己顯得有面子。

一般來說，人們會因為自己推薦的產品或服務具備稀缺性，或是與權威人士有關而感到自豪，例如：

- 「市區新開的那間五星級餐廳下個月的訂位都滿了，不過我認識老闆，所以應該可以幫你們喬到一張桌子。」
- 「你居然受傷了，你去給馬爾醫師（Dr. Mahr）看過了嗎？他是南部最厲害的醫師，專治肩部損傷，他的預約通常都要排到八個月以後……我還是打通電話好了，看看他能不能破例把你排進去。」

- 「我的教練一年通常只接八位客戶，而且已經連續三年沒有開出缺額了。我會跟他談一下，看能不能把你加進候補名單。」

上述推薦的共同點是什麼？**每位推薦人都樂於替對方引介，因為能推薦其他人享受頂級的產品與服務，讓他們很有面子。**就像當眾人都在乖乖排隊等候時，突然有人對你說：「來，過來排貴賓專屬隊伍，我親自帶你進去。」

推薦人都很享受這種權威光環（authority halo），因為他們擁有舉薦的能力，能讓朋友接觸到眾人趨之若鶩的權威人士，感覺自己也變得與眾不同。

最後，由個人權威促成的推薦行銷，會為你、你的舊客戶與新客戶創造以下局面：

- 你可以穩定開發潛在客戶，而這些客戶也會因排他心態而預期自己將在你這裡享受到頂級的體驗。
- 舊客戶會更樂於主動向親友推薦你的名字，因為這樣做，可以讓自己在對方眼中成為被權威光環包圍的人。
- 新客戶將有機會享受你提供的產品或服務，最終滿足自身需求。

現在讓我們回顧一下鄉村俱樂部遭遇的困境，若他們此時選擇用折扣與可得性推銷生意，絕對會輸得一敗塗地。用這種宣傳策略招攬新會員，會碰上下列三種阻力：

1. 現有會員會因「折扣促銷」而質疑會員資格的價值（即便現有會員人手一本推薦宣傳冊，他們也不會想了解細節）。
2. 在潛在會員眼中，會員資格會成為一件有標價的待售品，不再吸引人。
3. 打價格戰給人一種垂死掙扎的感覺。

比較好的做法是發表聲明（越高調越好），宣布俱樂部將不再接收新會員。此消息因為傳遞出排他的訊息，所以會在現有會員與社群內部引發騷動，讓眾人感到既興奮又好奇。

突然間，無論是俱樂部會員或外部群眾，大家看待這所俱樂部的眼光都變了。幾個禮拜前還在抱怨俱樂部各種小缺點的會員，現在都因為自己的資格感到自豪，而且只要一有機會就會秀出俱樂部標誌。在俱樂部會場舉辦的婚喪喜慶活動上，眾人閒聊的話題也會圍繞著俱樂部打轉，例如：「你知道他們現在不收新會員了嗎？我現在好後悔，幾年前我本來可以加入，早知道當初就該答應入會。」

現在，這所鄉村俱樂部已經具備權威效應，與之相關的一切都不再相同。他們再也不用請會員推薦朋友加入，或是籌辦推薦宣傳活動，所有人都巴不得把朋友的名字加到候補名單中。

本節重點如下：**最能刺激人們推薦意願的，莫過於可以讓朋友插隊進入高級場所的能力**。若你想讓更多人推薦你的公司，就要仿效前面提到的策略，將權威與排他性的元素放到最大。

我知道這段話聽來有些反直覺，但一點也不假。按照我們的方法去操作，你的權威光環就能散發耀眼光芒。

建立追蹤系統，確認「誰在推薦你」

許多領袖都認為自己是業界資優生，但競爭對手的推薦客戶，似乎永遠比自己多，這種現象讓他們感到挫敗。你要知道，無論是演講人、財務顧問或一般諮商師，成為資優生只是帶動推薦客戶的第一步而已。

你的第一階段（互動前階段）形象，一定要與第二階段（互動後階段）提供的服務品質相符；此外，權威效應還會鼓勵那些原本就認識、擁戴你的人，讓他們更常向他人提起與你合作的體驗。

為什麼？簡單來說，當你寫的書或建立的品牌，讓合作方確信與你共事是正確的決定時，他們就會覺得能和你攀上關係是件很有面子的事。

建立起權威品牌後，你的下一個任務就是透過策略，創造更多被推薦客戶。

你知道是哪些人在推薦你的品牌嗎？不少領導者都會犯下這個錯誤——只針對顧客制定推薦行銷策略，限制推廣觸及率。

對大多數企業來說，帶動推薦客戶的通常是下列三類人：

- 顧客。
- 經他人舉薦的合作夥伴／戰略型合作夥伴（通常都是其他企業）。
- 具影響力的知名人士。

如果你不知道是誰在為你創造推薦客戶，那一定要趕快建立一套追蹤系統。你可以根據數量，製作簡單的 Excel 文件，為上述三類推薦人分別建立一個工作表，並用此表單整理出正在為你推薦客戶的對象，以及你想鎖定的目標。

搞清楚是誰在為你推薦客戶後，接下來就要激勵他們為你推薦更多客戶；而鼓勵這三個群體最有效的方式，就是將他們納入內容行銷（contemt-marketing）策略中。

我們的經驗談是：**若你想鼓勵他人和親朋好友討論與你共事的經歷，最佳的方式就是創造一個他們親身參與過的體驗時刻**，也就是效仿雷諾醫師的做法。我不是要你在辦公室擺一面金鑼，而是在創造權威效應的同時，利用各種方式，包括書籍、內容策略等，與現有網路成員及你想認識的對象建立關係。

接下來，我們將教你如何做到這一點。

用最低的成本，觸及全球受眾

我們花了許多篇幅討論如何透過建立信任，來獲得指導、教育受眾的權利，並藉此說明品牌的重要性。當受眾開始信任你，他們就會接近你，並從你身上學到東西，這時候內容策略就能派上用場了。

無論是建立受眾群體、刺激收益或發揮影響力，都必須以創作高品質內容的能力為基礎；但是，只有極少數的思維領袖通曉個中道理，大多數領導者都不研究受眾想看到哪種內容，反而更關心要將內容發布在哪個平臺上，例如：「我要經營推特嗎？大家都在做Podcast，我是不是也該開個節目？YouTube依然是SEO[3]（搜尋引擎最佳化）之王嗎？我女兒說現在大家都看TikTok，真的嗎？」

並不是這些問題不重要，只是相較於在「哪裡」發布內容，內容本身更加重要。也就是說，你要弄清楚受眾想看什麼，找到答案後，要在哪發布也就不是什麼大問題，畢竟現在絕大多數內容都具備全通路特性，只要改變一下格式就能發布在各大平臺上。

YouTube發影片、Instagram發照片、部落格發文字……這些都是過去式，現在，全通路內容都可套用於所有平臺，但必須側重其「原生」（native）[4]元素，這樣內容與品牌才能在不買廣告的狀態下，增加自然觸及率（organic reach）。

發布內容的平臺只會不斷更迭，也會有新平臺崛起，但萬變不離其宗，無論是哪種格式的內容，都要確保其內容兼具娛樂性與資訊性。

談到思維領導，「內容為王」（content is king）[5]應該是被人引用次數最多的概念。這

3 search engine optimization，透過了解搜尋引擎的運作規則來調整網站，提高目的網站在搜尋引擎內的排名。

4 使消費者不容易辨識其為廣告，自然認同、吸收資訊，避免因為中斷消費者體驗而對品牌形象造成反效果。

5 指「內容」（content）是任何網站排名中最關鍵的因素，好的內容行銷策略能提升網站流量。在本書中，內容皆指創作出的點子、想法等，可以是影片、文字、音檔等形式。

四個字最早出現在一九九六年微軟（Microsoft）網站的一篇知名專文，作者是比爾・蓋茲（Bill Gates）。這篇文章闡述了比爾・蓋茲對網際網路的看法，他認為網際網路未來會成為內容的市場。

以下是內文節錄[6]：

我認為，將來人們可以在網際網路上透過內容營利，就像現在大家利用廣播賺錢一樣。從五十年前就開始的電視革命，催生了一系列產業，包括電視機製造業。然而，真正的終極贏家還是那些利用這項媒介傳播資訊、娛樂觀眾的人。

對網際網路這種互動式網路來說，內容的定義可謂包羅萬象。舉例來說，電腦軟體也可以是內容（而且是極為重要的內容），而放眼望去，微軟的軟體可以說是最大宗。然而，對於專門提供資訊與娛樂的公司而言，網際網路提供了大量機會，即便規模再小的公司也能加入這場競賽。

只要你有一臺個人電腦與數據機，就能在網際網路上發表各種內容，這就是網際網路最讓人興奮的特點。從某個層面來看，網際網路就像是一臺多媒體影印機，無論受眾的群體多大，人們都能用極低的成本複製內容。此外，網際網路也能將資訊發布到世界的每個角落，而對發布人來說，這樣做的邊際成本（marginal cost）[7]幾乎為零。總而言之，網際

> 網路可以創造大量商機，所以全球公司都爭先恐後的制定計畫，打造網際網路內容。
>
> 如果我們想讓人們打開電腦並面對螢幕，那就要讓他們取得最新、最具深度的資訊，再加上能隨心所欲選擇想接受之資訊的自由度。我們必須讓人們享受聲音檔，如果可以，要再加上影像檔。我們要讓他們獲得個人投資的機會，其回報率要遠高於紙本雜誌「給編輯的一封信」頁面帶來的價值。

自這篇文章發表距今已有三十年，但比爾．蓋茲的文字仍能一語中的。他認為網際網路是一個新的領域，所有想法都能在這裡自由發展，而所有想創作內容的人，都能在這裡用最低的成本觸及全球受眾。

很多領導者都覺得，**創作內容是件讓人分心的苦差事，但其實，願意投身於此的人都能獲得優勢**，藉此與受眾產生連結，並和大量群眾建立原本只能透過實際互動累積的信任。

我們知道內容對延續成功有多重要，所以想為你指出一條明確的道路，讓你把時間投

---

6 Bill Gates, "Content Is King," Microsoft.com, January 26, 2001, http://www.microsoft.com/billgates/columns/1996essay/essay960103.asp. Internet archive, http://web.archive.org/web/20010126005200/http://www.microsoft.com/billgates/columns/1996essay/essay960103.asp.

7 每增產一單位的產品、多購買一單位產品所增加的成本。

資在目標上。

但在這之前，讓我們先審視一下當前的媒體環境。今日媒體環境有一個大重點，那就是每個人與品牌都是一種媒體管道。

有些人或品牌可以透過臉書或 LinkedIn 影響幾百人，至於具備微媒體（micromedia）心態的人與品牌，他們的訂閱者基數甚至可以超越當地報紙。

以喬・羅根（Joe Rogan）為例，他的 Podcast 節目《喬・羅根體驗》（*The Joe Rogan Experience*）於二〇〇九年開播，從此成為全美最熱門 Podcast，每月下載量逼近兩億，一年可以賺進三千萬美元。截至二〇一九年，羅根成為全球收聽率最高的 Podcast 節目主持人。當時音樂串流媒體平臺 Spotify 有意拓展 Podcast，因此便在二〇二〇年花重金（一億美元）聘請羅根擔任當家主持人，並將他的內容轉移到 Spotify 上。

羅根的節目製作精良，訪問的也是享譽國際的名人。他和大多數頂尖的內容創作者一樣，會在節目中加入自己的個性和觀點，不過這種風格也引發了著名的新冠肺炎爭議事件[8]。

羅根並非一夜成名。即便起初只有一小批聽眾，他也沒有放棄，因為他深諳穩中求勝的道理；而至今，羅根經營 Podcast 已超過十年，累積聽眾人數多到讓他可以自己制定遊戲規則，無須看人臉色做事。

我們沒有要你成為下一個羅根（除非這是你的目標，如果是的話，你可以先從剃光頭開始），因為對大多數人而言，在自己的小眾領域累積目標受眾才是最佳做法，但我們希望你可以善用內容行銷策略，勇於展現自己的個性，和羅根一樣創造以小博大的優勢。

此外，你可以將內容行銷策略想像成出版個人報（personal newspaper）：「如果你的品牌是一份報紙，你會這樣經營嗎？」用這種框架思考事情，就能避免犯下致命錯誤。

以下是我們發現眾人常犯的錯誤：

- **發布時間不固定**：你會訂閱一份不知道什麼時候才會送到的報紙嗎？
- **太多廣告**：許多人會在自己的內容中植入太多「促銷」廣告，這樣做反而會讓受眾離自己越來越遠，最後逃離你的「主場」（stadium）[9]。我知道大多數人都不會笨到主動打破這條鐵律，但我們還是要時刻提醒自己對抗這種誘惑。
- **通篇都是個人意見**：這是專業人士最容易犯的錯誤，他們會往個人報中塞入大量「社論內容」，也就是滿滿的個人觀點。若你已經是家喻戶曉的名人，你的受眾也尊重你的專業，發布這種個人獨白式的內容當然沒什麼問題，但我們還是希望你將羅根的爭議事件引

---

8 在二〇二一年年底，羅根邀請美國醫生羅伯特・馬龍（Robert Malone）上節目，針對新冠疫苗分享了不實資訊。

9 關於主場的比喻，在後面仍會持續使用，指屬於你、不隸屬於第三方的網站、平臺。

以為戒。我們也必須強調，這種唯我獨尊的內容行銷其實不利於成長。此外，創作這類內容也相當耗費心力，因為你必須包辦一切。

那麼現在，你已經知道地雷埋在哪裡了，接下來，該如何指定專屬的內容行銷策略？我們將在下一章揭曉答案。

第八章

建立威信必備的內容

我們接觸過不少領導者，他們大多都知道自己應該投入內容創作，卻又常因為不確定受眾到底想看什麼而卻步。

因此，請先忽略媒體的種類（包括贏得媒體、付費媒體、自有媒體，詳見第三部），也不要在意內容的格式（文字、視覺、聲音或影像），我們建議你將內容平均分配進以下三個類別：

- 以自己為主體的內容（You-Driven content）。
- 以新聞為主體的內容（News-Driven content）。
- 以人際關係為主體的內容（Relationship-Driven content）。

我們先來討論你可能最熟悉的類別：以自己為主體的內容。

許多一心想成為思維領袖的人在制定行銷策略時，都會加入過多與自己相關的元素。簡單來說，這類型的內容都是與你有關的事物，和你的經歷、人生旅程、觀點、智慧財產權及資源有關。若你已經培養起一批受眾，那這類內容就很吃香。但如果你還在努力累積受眾，發布這種內容可能會拖慢你的進度，因為不認識你的人可能無法理解為何要看你唱獨角戲，所以我們建議你將以自己為主體的內容，限制在發布內容總量的三分之一。

不過，說來有些諷刺的是，我們最欣賞的成功人士之一，正是靠著發布這類型內容而成名。

麥克・崔維斯（Mike Travis）是 Travis & Company 的創辦人，他的公司位於波士頓，在業界頗負盛名，專為製藥與醫療照護相關企業招攬高階主管。幾年前他主動聯繫我們，希望我們能幫他重新塑造品牌、架設全新網站，以及更新公司商標。

第一次見面時，我們就問過崔維斯有沒有考慮過經營部落格。他說他有想過，但最後基於兩個原因抹去這個念頭。首先，他的生意大多來自推薦客戶，所以他不太相信沒有實際互動過的部落格追蹤者能幫上什麼忙。

其次，他覺得自己的受眾（高階主管）根本沒時間在網路上觀看這類又臭又長的內容。我們同意他的第二個原因，認為高階主管不會有閱讀部落格文章的習慣。但我們也明白，一個好的部落格對SEO的影響有多大，所以還是建議崔維斯透過這個管道提升能見度，讓在網路上查詢相關資料的陌生人能看見他。

我們認為，這種策略能讓他的客戶流變得更多元，不會只受限於推薦客戶（不是說推薦客戶不好，只是這類客戶並非崔維斯能掌控的）。

崔維斯答應接下來一年內，每週都發一篇部落格文章並回顧成效，看看我們的策略能否達成他的目標：利用推薦人網路以外的媒介創造客戶流。他發布的大多都是以自己為主體的內容，傳授高階主管招募和人才管理的細節，並告訴讀者在多變的製藥、醫療照護領域中，用對方法帶人有多重要。

八個月後，我們主動聯繫崔維斯，想了解計畫進行的如何，他說：「我的網站訪客數量與日俱增，而且我發現其實發部落格文章還挺有趣，不過固定發文並沒有帶來新客戶。」

雖然我們知道即便已產出正確的內容，利用內容創造權威效應仍需要時間，但聽到崔維斯的部落格還沒為公司帶來客戶流，我們還是吃了一驚。我們給出的建議是堅持一年，因為**發布以自己為主體的內容就像是在替房子打地基，一、兩塊磚頭發揮不了什麼作用，但只要持續堆疊，效果就會隨時間倍增。**

終於，一年過後，崔維斯那邊傳來了好消息，部落格的內容為公司帶來三名新客戶。也就是說，崔維斯這一年的投資報酬率（ＲＯＩ）高達六位數，而他的文章未來也可能為他帶來更多新客戶。

在經營部落格期間，崔維斯發現一件事，那就是透過文章找到他的人，並非全都是企業高階主管。很多時候，閱讀文章的人是負責制定招募條件的助理或團隊成員。在尋覓製藥、醫療照護界人才時，他們內心會浮現許多問題，而崔維斯的部落格文章總是能為他們解答各種疑難雜症。

建立權威效應沒有速成班，你也不該有抄捷徑的念頭。崔維斯早就相當了解自己的客戶群體，他憑藉堅持和精良的內容，為公司創造了可觀的投資報酬率。

以自己為主體的內容，要搭配自嘲

雖然光看名稱就可以大概知道，以自己為主體的內容側重什麼，但這個類別的內容還可以被細分成不同細項，你可以依照偏好和需求挑選。

1. 常綠內容（Evergreen Content）

在所有以自己為主體的內容中，常綠內容一定最受歡迎。常綠內容常見的切入點，例如「人資主管在招聘前該問的四個問題」、「三招讓領導者打開耳朵」等，基本上是與你的內容策略相關的各種大主題。

我們可以借鑑資優生崔維斯創作常綠內容的方式，好好思考目標群體會在谷歌上搜尋什麼關鍵字。

也就是說，**創作內容時，不要去猜受眾想看什麼，而是轉一下方向，先查出你的目標受眾都利用搜尋引擎查找哪些內容**。他們想解決什麼問題？他們的煩惱是什麼？接著運用專業知識和獨到的見解為他們解惑，最後再提供一些有用的資訊。一般來說，常綠內容聚焦於和業界相關的大主題與概念，目的就是為了搶占搜尋結果，進而吸引潛在客戶的目光。

你可以使用谷歌的免費工具 Google Trend，查出大家都在用谷歌搜尋哪些字詞，並針對與你的領域有關的查詢字詞創作內容，盡可能網羅越多關鍵字越好。

2. 經歷分享

我們兩人都是創業家協會的成員，除此之外，維蒂還參加了YPO。創業家協會論壇（EO Forum）相當看重成員的分享精神，**希望大家都能按照「五％原則」分享近況，也就是從近況中挑出五件好事、五件壞事來交流。**

此外，創業家協會也會嚴格要求成員，不得將他人分享的內容外洩。**成員們之所以能在極短的時間內就信任彼此，很大一部分是因為每個人都願意展現自己脆弱的一面。**

因此，我們希望你在創作以自己為主體的內容時，效仿布朗的做法，不吝於分享自己的領導經歷、學到的教訓與面對過的挑戰。

想證明自己的資格、獲得觀眾的青睞，就必須懂得自嘲，若你創作的內容屬於經歷分享，那就適合用自嘲的語氣描述。

以尚恩・艾科爾（Shawn Achor）的 TEDx 演講〈優質工作的快樂祕訣〉（*The Happy*

Secret to Better Work，觀看次數超過兩千五百萬，是TED觀看次數最高的二十五部影片之一）為例，艾科爾用一場演講的時間，向我們示範如何在建立信任的同時，也與聽眾產生連結。

艾科爾先講述一段自己和妹妹的童年趣事，接著再亮出自己的「專家證據」（目的是說服受眾在這件事上要聽你的）。

他想讓聽眾知道兩件事，一、他讀過哈佛大學；二、他是一名數據科學家。要是艾科爾一上臺就亮出自己的經歷與身分，聽眾可能會覺得他太自大，變得不想聽他說話。因此，他開始嘲笑哈佛大學畢業生，還拿數據科學家開玩笑，讓聽眾在被逗得樂不可支的同時，也得知了艾科爾的學歷與資歷。透過這種方法，他不僅證明了自己的資格，也贏得觀眾的喜愛。

如果你想給受眾上一課，比較高明的手法是**用自己犯過的錯誤開場，而且最好是「超級丟臉」的錯誤，然後再帶出你學到的教訓**。你可以把自己犯下的失誤、引發的誤會或其他自身經歷，包裝成有趣的故事，並透過這些經歷教育受眾，讓他們知道你是過來人，因此可以擔任他們的導師。

根據我們的經驗，脆弱真誠的故事最能引起目標受眾的興趣。只要你願意放下偶像包袱，不要想在受眾面前展現完美形象，就能在短時間內累積粉絲。

另一個例子是，一般人通常不會去點開電子報，但如果你善用這種內容，就有機會促使收件人查看內容。知名作家阿考夫的電子報就寫得很好，而且會搭配自嘲，**標題也取得帶有脆弱感**，例如「十二年前的一場危機，改變了我的人生」，這種標題讓人想不點開查看都難。

郵件內容描述阿考夫和朋友合開的公司倒閉，經歷這次事件後，他學會如何處理危機，並希望自己的經歷能造福正在和危機搏鬥的受眾。他本可以把電子報標題定為「克服危機的五個方法」，但他選擇展現脆弱的一面，誘使更多人點開信件，也擴大了自身影響力。

3. 幕後花絮/以個性為主體的內容

若想獲得受眾信任、提升親和力，最好的方式就是發布幕後花絮，並讓眾人看見你的個性。

這類型內容包括開車時隨手拍下的風景照、趣聞軼事，以及其他和你有關的內容。我們知道每個人對於分享此類內容的接受程度不盡相同，但有一點大家都明白，那就是眾人之所以選擇觀看你的內容，是因為你能提供一項獨一無二的元素：你自己。

我們在創作內容時，也會設法融入自己的興趣，例如我們喜歡的足球隊、搭乘飛機時非做不可的事、家庭趣事，以及其他日常生活花絮。

這類型內容可以達成兩個目標：第一、為你塑造風趣幽默的形象；第二、**讓受眾看見你在專業形象之外的人性面，進而加速建立信任的速度**。但有一點要注意，那就是不要發太多這類型的內容。

我們在前面第六章提到身兼思維領導者、企業主管教練和商學教授三個角色的莊士頓，她發現這種內容雖然相當隨興，卻能吸引大量受眾，而且效果遠超過充滿專業知識的貼文：

> 我找了一間社群媒體經紀公司，請他們為我提供服務。我認為這是一個好的開始，因為他們的確讓我學到很多東西。他們告訴我：「你發布的東西越多越好，而且要設法克服這種不舒適的感覺，你絕對做得到。」於是，我請他們幫我制定一套內容媒體策略，頻率是每週發布一次。當我習慣在社群媒體上發文，並意識到我的品牌必須靠人際關係支撐後，我就打算自己經營社群媒體。
>
> 社群媒體經紀公司（包括我聘僱的那間）最喜歡的事，就是把貼文編輯得光鮮亮麗，讓內容以完美的樣貌示人。但有一次，我發布了歡送女兒去讀大學的未修圖照片，並用這件事帶出領導力相關話題，沒想到觀看次數居然高達一萬八千次。

其實，只要展現最真實的自己，大家自然就能與你產生共鳴。社群媒體經紀公司販售的完美內容模板，不會讓你變得更受市場歡迎，與 LinkedIn 用戶建立真實的人際關係才能做到這一點。

4. 行動呼籲式內容（Calls to Action）

以你為主體的內容，也包括號召受眾協助的貼文，例如發布新書購買連結，或是邀請受眾報名參加活動。身為權威人物，你的職責也包括提供能解決受眾問題的產品與服務。但這類內容占比不能太高，不然就會因為塞進太多廣告而犯下前面提到的錯誤。

以新聞為主體的內容，最可能瘋傳

二〇一三年，第四十七屆超級盃比賽在紐奧良舉行，雅各比．瓊斯（Jacoby Jones）在下半場開局後率先得分，讓巴爾的摩烏鴉隊（Ravens）以二十八比六領先對手。

瓊斯達陣後沒過多久，梅賽德斯－賓士超級巨蛋（Mercedes-Benz Superdome）[1]的燈光突然消失，全場陷入一片漆黑。突如其來的停電導致電視直播中斷，也令比賽暫停了三十四分鐘。

這起停電意外不僅成了眾人討論的話題，也讓無數品牌首次有機會實踐在內容行銷領域勢不可擋的策略——新聞劫持（newsjacking）[2]。

大小品牌各出奇招，其中奧利奧（Oreo）的表現最為精彩。奧利奧發布了一條與停電事件有關的推文，不僅引發熱烈討論，更在發布後一小時內就被轉推十二萬次。推文寫道：「停電了嗎？沒關係。」配圖則是一塊奧利奧餅乾，搭配黑色背景（餅乾所在位置的背景漸變亮色），底部標語是：「就算燈光全暗，你也可以蘸著吃。」

這篇推文內容很安全、不會引發爭議，也能與品牌連結，重點是**發布得相當及時**。奧利奧的成功，導致眾多行銷公司在隔年都收到客戶質疑，想知道為什麼他們提供的產品無法引發「奧利奧熱潮」。

奧利奧的推文是以新聞為主體的最佳實例，然而，即便是中小品牌也能利用這類型的內容。但首先，想利用這種宣傳來創造利益，你必須將其納入個人策略中。

以你為主體的內容和以人際關係為主體的內容，服務對象是已經知道你是誰的受眾。如果沿用前面提到的報紙比喻，以新聞為主體的內容在及時性這一方面，就好比「頭版新聞」。相較於其他消息，這類內容更能吸引受眾目光，因為你的目標受眾（無論是認識你

1 於二〇一三年更名為凱撒超級巨蛋（Caesars Superdome）。

2 借用轟動新聞的熱度二次炒作。

或不認識你的）早就對這些東西感興趣。因此，相較於其他兩類內容，**以新聞為主體的內容就觸及率而言，最有可能「瘋傳」**（go viral）。

以新聞為主體的內容講究及時性，必須與目標受眾正在關注的主題相關。這類內容又可細分為下列兩種：

1. 週期性事件：我們確實無法預測什麼時候會發生大新聞，但可以按照週期性事件，提前制定未來一年的發布計畫。週期性事件會因利基市場而異，全球通用的例子包括節日、繳稅季、換季等。

你可以思考有哪些日期、季節，你的目標受眾最為關心，確保自己能抓準時機，定期發布及時內容。雖然定期發布的內容沒有新聞劫持那般高調，仍能綁住受眾的注意力。思考一下，你的目標受眾最關心的事情都發生在每年的什麼時候？先整理出重點時段，再量身訂做相應內容。

2. 新聞劫持：新聞劫持可以將你想傳達的訊息與熱門新聞連結，讓你在最佳時機向受眾展示專業，實際案例如奧利奧的推文。

本書前言作者史考特是知名行銷書籍作者兼講者，他在二〇一一年創造了新聞劫持一詞，但一直到二〇一三年超級盃停電事件，新聞劫持才成為家喻戶曉的詞彙，而《牛津英語詞典》（*Oxford English Dictionary*）更是要到二〇一七年，才將新聞劫持加入年度詞彙候選名單中。《牛津英語詞典》對新聞劫持的解釋為：利用時事或新聞推銷、宣傳產品或品牌的行為。

以下是《牛津英語詞典》在二〇一七年年度詞彙候選字中，對新聞劫持的背景介紹：

> 新聞劫持原指一種實驗性的行銷手法，沒想到在短短幾年間，就成為所有社群媒體行銷部門的必備技能。不同產業的品牌，都在今年徹底接納這套策略，開始利用時事推銷自己，使其進入公眾視野，並向特定倫理或道德觀念看齊。
>
> 將新聞（news）與劫持（hijacking）合在一起使用的紀錄，可追溯至一九七〇年代，指的是將偷來的報紙賣給廢品回收商。到了二十一世紀初，行銷與銷售策略專家史考特在二〇一一年的著作《新聞劫持》（*Newsjacking*）中，重新定義了新聞劫持的意義，使其成為流行用語。

大衛創造了新聞劫持，最後又利用新聞劫持的概念讓《牛津英語詞典》為自己的品牌打廣告，真是傑出的一手！

新聞劫持，將眾人的注意力導向你

我們常請客戶將自己的數位平臺，想像成自身媒體品牌或個人報，通常，讀者會根據媒體管道提供的內容來決定其價值，而且只會關注具備娛樂性與知識性的內容。

雖然以自己和以人際關係為主體的內容，也是內容行銷的必備元素，但吸引受眾注意力最簡單的方法，就是將主題與他們正在關注的事物連結在一起。

這不代表你「劫持」的新聞，一定要是國家級重大事件，如超級盃停電烏龍。這則新聞可以是與你的產業有關的利基消息，或是你的目標受眾最關心的事情，例如最新研究報告、相關法規變動等；重點在於**找到目標受眾都在關注的消息，並將新聞劫持想成一盞明燈，將眾人的注意力導向你的內容。**

此時，你必須調整心態，假裝自己是《華爾街日報》社論專欄作家。當受眾都在關心某則新聞時，你的任務不是報導該新聞，而是提供相關數據分析、自身觀點或機智評語。

至於內容要寫什麼，你可以想想受眾最擔心、害怕、期待或正在密切觀察的消息。大家都在尋找專家的分析文章，教自己該如何因應。此外，比起官方機構或主流媒體管道，眾人會更注意自己認為可靠的權威人士發布的內容。你必須把握這個機會，將自己定位為目標受眾信任的人物，讓他們相信，針對這些影響產業的重大事件，你的看法及分析值得相信。

當你將創作內容與目標受眾正在學習、探索的事物連結在一起時，他們就更有可能閱讀你發送的電子報、貼出的連結，或是搜尋到你創作的內容。這就是此類內容最有可能被瘋傳的原因；新聞劫持文章之所以會被廣泛閱讀和分享，正是因為具備及時性，且能吸引不同群體。所以，只要操作得當，你便能利用以新聞為主體的內容，獲得難以估量的回報。

這類型的內容還有另一項好處，那就是頻繁帶動集客式公關（inbound PR）[3]與演說的商機，這部分我們後面會再詳細解說。

其實，新聞劫持最難的環節就是抓準時機，大家最常犯的錯誤就是等太久，結果錯過將內容與突發新聞連結的時機。創作這類內容的最佳時間段，是在事件爆發的二十四至四十八小時內，而這個窗口期會為領導者帶來兩個問題。

第一，也是最直觀的問題，就是領導者都很忙，實在無法抽空在短時間內針對突發新聞創作新內容（這也是優秀的影子寫手要價不菲的原因）。

3 扭轉只在必須推銷某產品時，才致電媒體聯絡人的傳統關係，試圖預先與媒體聯絡人建立越多關係和價值越好。

第二個原因相較之下沒這麼直觀，卻更加危險：若你劫持的新聞涉及某爭議，便可能帶來風險；如果創作者不夠小心，這種急就章的內容便有可能引發負面後果。

一般來說，當你腦中出現「這樣做好像不太好」的想法時，就要格外小心，絕對不要無視情緒的波動。

同樣的，一些新聞劫持的最佳範例則是反向的，起因是企業在敏感事件發生當下，做出造福鄰里或客戶的善舉。

以休士頓的床墊大王麥克（Mattress Mack）為例，他在颶風哈維登陸美國期間開放床墊門市，讓流離失所的休士頓居民暫時有了棲身之處。他的舉動顯然不是為了創作內容或賺取點閱率，卻創造價值等同數百萬美元的免費公關宣傳，並在向數百位同胞伸出援手的同時，贏得所有市民的喜愛。

另一個例子是奧斯汀招牌公司 Rocket Banners，他們在新冠肺炎疫情期間免費向市內餐廳發放「提供外帶」的招牌，幫助店家度過難關。當時所有公司都過得極為慘澹，免費發放招牌一舉自然讓 Rocket Banners 元氣大傷，但所有受過 Rocket Banners 恩惠的餐廳，後來全都成了他們的忠實客戶。此外，他們免費送招牌的行為也刊上當地報紙，令該品牌的正面能見度直線上升。

因此，請不要以為新聞劫持只是在創作時要小聰明，你可以放大格局，將其視為在受眾最需要時，向他們提供超值服務的策略。

另外，有些人會問，新聞劫持的內容必須完全根據該新聞製作嗎？

我們可以直接告訴你，答案是不需要。製作新聞劫持內容時，不用將所有焦點都放在消息本身，而是要設法包裝自己的內容，並將其融入受眾正在關心的報導中。

研究過大量以新聞為主體的內容後，你就會發現，這類內容的核心其實是自己。換句話說，八〇％以新聞為主體的內容，都聚焦在常綠觀點。你對自己身處的產業要有一套核心信念系統、框架或觀點，並在此基礎上建立權威，你可以透過與眾人分享這套觀點，來達成此目標。

與眾人分享自身觀點當然不是什麼壞事，但會限制內容觸及率，所以你才要時刻關心與自身領域有關的新聞，並用這些新聞包裝自己的內容，藉此提升：一、眾人閱讀此內容的機率；二、眾人分享此內容的機率；三、媒體發現此內容的機率；四、獲得超高觀看率的機率。

該如何提高達成上述目標的可能性？答案就是報紙界流傳已久的金科玉律：不要錯過重點！

無論是文章、部落格文章、影片或 Podcast，**請確保你的標題能讓讀者立刻知道你在討論哪條新聞**，如果可以，最好**搭配一張相關圖片**。我們不知道奧利奧有沒有聘請平面設計師，還是只是因為運氣好，手邊剛好有一張適合的圖片，因為他們的推文呈現出的視覺效果，可謂正中紅心。

放上聯絡方式，記者會主動來找你

「傳統」媒體環境在過去十年間經歷了翻天覆地的變革，而裁員則是這場變革的主旋律。因此，現在記者必須完成的報導篇數越來越多，時間也變得越來越不夠用，此外，他們也有回覆不完的採訪邀請和接不完的電話；也就是說，想聯絡到記者最好的方式，不是追著對方跑，而是讓他們主動來追你。

這番話乍聽之下有些反直覺，但仔細想想，除了和自己熟悉的公關聯絡，媒體人在篩選報導主題時展現出的態度，越來越傾向「不要再打來了……我要找你自然會打給你」。其實，媒體人作業模式的轉變，反而和深諳行銷之道的領袖非常互補，讓他們更有可能接到記者的詢問電話。

當記者想找專精某項主題的專家時，他們會先上谷歌、推特、富比士或其他平臺搜尋。此時，出版過相關書籍、發表過大量內容的專家就會霸占搜尋結果的前幾名。這些專家不僅獲得了為讀者提供價值的機會，也占據了可以帶動集客式公關的位置。

利用貼文吸引集客式媒體採訪邀約的機率，會受下列三個因素影響：

1. **及時性**：你必須在新聞報導的生命週期之初，就創作出內容並廣泛分享。
2. **能見度**：將以新聞為主體的內容發布在大型平臺上，如《富比士》、《哈佛商業評論》（*Harvard Business Review*）或《哈芬登郵報》（*HuffPost*），就有更高的機率藉著這些網站的 SEO 吸引頂層媒體的注意。此外，關鍵字也是影響能見度的因素。在此提醒大家，不要錯過將部落格文章與新聞結合的時機，你拖得越久，搜尋引擎越難找到連結。所以，務必在部落格文章標題打上關鍵字。另外，別忘了利用精準的主題標籤（hashtags），提升內容在 LinkedIn 與推特上的能見度。
3. **媒體通道**：如果你能把及時性跟能見度都打理好，或許會有記者主動聯繫你。然而，有太多人都無法將聯繫流程做到暢通無阻。只在網站上列出聯絡表單供他們填寫遠遠不夠，別忘了，大多數記者都有交稿期限，他們必須快速找到資訊來源，所以壓根兒就不認為你會快速回覆聯絡表單。

最好的解決方法是，在網站設置一個媒體頁籤，再附上個人與公關團隊的聯繫資訊。你也可以在網站上加入近期媒體報導的連結，並提供你的照片與書籍封面，供訪客下載。

如果你不想加入媒體頁籤，那就在聯絡方式頁面加上媒體聯絡人，並附上電子信箱與電話號碼，確保媒體可以隨時聯繫到你。讓你的宣傳團隊透過記者經常使用的資料庫，直接向對方推銷你的創意角度，講述與他們報導的主題相關的故事。

想在當前媒體環境創造公關力，最佳方式就是雙管齊下：

1. 與有能力的公關公司合作，此公司必須和各大媒體都有關係，可以在關鍵時刻殺出重圍，快速替你爭取到曝光機會。
2. 利用以新聞為主體的內容，吸引在網路上尋找採訪對象的記者主動詢問。

我們喜歡這套策略，是因為你可以利用現有媒體管道的力量，不斷發展自己的受眾。那麼，為什麼內容一定要具備及時性？我們知道相較於其他內容，以新聞為主體的內容創作起來更煩人，因為你必須在短時間內產出成品。既然如此，為什麼還要創作這類內容？雖然我們先前已經提出很多理由，但最重要的或許是：只有換上媒體思維，你才能與他們爭奪受眾的注意力。

身為媒體消費者，你的受眾有一套篩選媒體的方法，現在他們也開始將這套篩選法應用到自己接收的每條資訊上。

當消費者無法持續接收到價值時，就會把注意力轉移到別的地方。**消費者對你失去興趣的理由**，可以有一百萬種，但**主因通常都是你過分仰賴以自己為主體的內容**，也就是你只發布跟自己有關的東西。因此，雖然我們鼓勵你提供與自己相關的故事，但我們更希望你能將內容與時事結合。

消費者之所以會特別關注某些人或品牌，是因為他們提供的東西能娛樂我們，或讓我們學到新知。我們從這些內容中獲得價值，並付出資訊經濟中最寶貴的資產——注意力。我們都知道，留住舊客戶比開發新客戶簡單，同理，讓受眾持續關注他們本就在關注的主題，也比讓他們注意到本來毫不關心的主題來得輕鬆。在這個微媒體大行其道的時代，切換內容通路的成本低到不行，我們不僅擁有更多選項，也會期待關注對象交出更多內容。

你會想訂閱哪種類型的報紙？當然不會是版面充斥廣告、自拍照，總是以我為尊的報紙，也不會是發布時間不固定的報紙（每個月只發行一、兩次絕對不合格）。只有定期發布有趣內容、刊載的新聞，能被應用到實際生活中，並讓讀者持續進步，這樣的報紙才會獲得消費者的青睞。

以新聞為主體的內容便可以做到這點，利用這類型的文章或影片，你的影響力會觸及更多人。

權威，是和他人強化關係的捷徑

接下來，讓我們看看以人際關係為主體的內容。

建立、維持、發展人際關係的能力，是成功與幸福人生的基石。我們認為這個道理也適用於企業的成功與幸福，事實上，如果不停追根溯源，你會發現絕大多數企業的成功，都源自一段人際關係。

維蒂過去曾提過，自己的人生導師是派特．威廉斯，他是ＮＢＡ奧蘭多魔術隊的共同創辦人。維蒂說，正是因為威廉斯在二〇〇五年不斷鼓勵他，他才下定決心創辦權威媒體（Advantage Media），之後才會與富比士共同成立富比士出版社。

除了擔任體育幹事，威廉斯也是一名勵志演講者與多產作家。維蒂中學時曾在一間出版社擔任暑期實習生，當時他恨透了出版業，但事實證明，維蒂對這個行業其實仍抱持著熱忱。

在大學畢業前夕，維蒂在奧蘭多的家中與威廉斯共進午餐。威廉斯說服維蒂開一間出版社，為專業演講者與企業領導者出版書籍，因為他認為這塊市場的需求不容小覷。如果不是因為威廉斯一番鼓勵，二十年前的維蒂可能就不會成立自己的公司。

維蒂之所以會和威廉斯建立起關係，一方面是運氣，剛好兩人的家距離不遠，一方面也是刻意經營的成果，因為維蒂一直在努力維持與威廉斯的關係，那頓關鍵的午餐也是他親自安排的。在威廉斯的激勵下，他終於克服萬難，在全國演講者協會（National Speaker Association）會議現場租了一間小攤位。

你能想起最初幫助你的事業邁向成功的幾段人際關係嗎？請回想自己當年和這些人建立關係的過程，你們是在一夕之間成為朋友的嗎？是為了交換利益而建立關係的嗎？當然不是，這需要長時間建立與發展，而且必須建立在相互信任的基礎上。

當你回顧職業生涯中最難忘的幾段人際關係，你會驚訝的發現，原來雙方相識的契機居然如此簡單：

- 只是在某場會議或航班上坐在一起，沒想到後來雙方居然成為戰略型合作夥伴。
- 與某位成功商界人士剛好是鄰居。
- 在雞尾酒會上認識，沒想到對方成了你的超級大客戶。

這些人際關係的建立點，過去只會在現實場合中發生，而許多企業領導者至今仍習慣這種模式。不過，這些建立點通常都可遇不可求。然而，建立人際關係的方式其實不用被局限在小規模的人際互動上，也不必交由命運決定。

建立權威效應時，你不僅要將其視為建立品牌的機會，更要把它當成與他人建立、強化關係的途徑。懷抱這種心態，你就能清楚知道該如何大規模的創造與發展人脈，而且速度將遠超你的想像。

我們先來討論規模。在數位時代，過去只能透過實際互動建立的人際關係，現在也能在網路上發生，例如：

- 與某位記者互發推文，而這名記者將來可能會代表某頂級媒體管道，不斷採訪你。
- 在 Podcast 上採訪潛在客戶，這名客戶在接下來兩年內，將向你購買金額高達六位數的服務。
- 在《富比士》雜誌專欄中引用某位客戶說過的話，對方因此主動將你引薦給其他人。

另一個能讓人際關係快速成長的加速器，是當你在建立權威的同時，與他人建築信任的速度。我們提過，在現實生活中，建立信任須耗費數年，然而，當品牌網路化、你又能以權威領導眾人時，速度便會大幅提升。

首先，我們必須全面了解以人際關係為主體的內容。

我們總說，在創造內容時要將自己想像成媒體管道，而好的媒體管道應具備的基本特質，就是發布的內容不會受限於自身觀點。好的媒體會借助他人的專業，為受眾規畫最優秀的發文日程。

將他人帶進你的內容，不僅能建立關係，還可以將他們的受眾帶入你的主場。當你將內容行銷發揮到淋漓盡致時，就會發現它其實是一項建立人脈的工具，能幫助你大規模又迅速的創造並鞏固人際關係。

在第四章，我們提到穿牛仔褲去開會的思維領袖馬達克，他對這類型內容的看法是：

最優秀的權威人士會發布更多與他人有關的內容，也就是說，他們會從人際網路中挖掘自己覺得了不起的人物，並轉發他們做過的事、說過的話。我覺得太多想推銷新書或自身權威的人都忘了這項原則，他們好像只想說：「快看我，快看我，你看到了嗎？我真的好聰明啊。」

加州大學籃球隊傳奇教練約翰．伍登（John Wooden）說過：「讓我看看你結交的朋友，我就能預言你的未來。」你可以透過與某些人物來往，或是張貼關於某人的文章，告訴大眾你是什麼樣的人。比起發表與自己有關的內容或瘋狂推銷新書，這種策略更加高明。

假設你現在人在南卡羅萊納州查爾斯頓市，正在公司的會議室與我們一起制定專屬於你的權威宏圖。我們會請你在白板寫下你認為將來三到五年內，對你的企業影響最大的五十個人的名字。

你寫下的名字可以分成兩類，第一類是你認識的人（現有客戶、戰略夥伴，再加上其他關鍵聯絡人），另一類則是你想認識的人（潛在客戶、潛在戰略策略夥伴、具影響力的知名人士等）。接著，我們會在白板上畫一條線，把這兩群人分開，每邊約各有二十五人。看著白板上的名字，你可能會問：「寫好了，然後呢？除了常見的方法，我要如何認識這些陌生人，又和認識的人鞏固關係？」

想必你也知道常見方法有哪些，一般來說，鞏固現有人際關係與開發新客戶的方法，包括贈送小禮物、舉辦品酒會等活動。當然，你也可以直接請他們幫忙推薦客戶，不過這招實屬下策。上述幾種方法都沒有錯（直接要求推薦不算），但成效實在有限。

建立新人脈常用的方式，包括針對特定對象發送推播式電郵（outbound emails）、邀請對方參與視訊會議，或是與對方見面討論合作可能。我們也是企業領導人，對這些手法再熟悉不過，每週都會收到上百次類似的請求，刪都刪不完。

其實，你只要稍微改變開發新人脈與鞏固既有關係的做法，就會得到截然不同的回覆與態度。要改變什麼？我們想要你改變心態，不要把自己當成販售產品的業務，而是扮演指點迷津的導師。要如何做到這一點？且聽我們娓娓道來。

讓我們將目光移回那五十個能幫助你的企業成長的公司上，假設這次你不主動聯繫對方，而是展示出自己能為他們帶來的價值，你覺得會發生什麼事？只要展現出自己的價值，你就不會以「乞討」的形象示人（這種一定會被對方秒刪除），而是戴著勝利的桂冠登場。

問題是，你要如何幫助對方邁向勝利？

登上媒體或被寫進書裡，是企業領導者夢寐以求的事，例如自己的名字被《富比士》雜誌提到，或是登上Podcast、出現在別人的書中。而在你出版書籍、經營Podcast，或是動筆撰寫專欄、部落格的那一刻起，你不再只是一名想販售產品的執行人員，而是為眾人指點迷津的媒體。

此策略之所以能產生奇效，不只是因為你能藉此吸引目標對象的注意力，也是因為：

1. 如果你只採訪有想法的聰明人，你的受眾就能從內容中獲益。
2. 你可以改變與潛在客戶或策略夥伴的互動性質。在一般的銷售會議上或電話中，你與對方的角色是售貨員對潛在客戶，而你必須嘗試說服對方。然而，當你訪問某人時，你們的角色則變得平等，你也會因此占據更高的權威地位。
3. 你可以在節目開播時，讓受訪人分享你的網站、文章或訪問連結。此外，採訪就是邀請對方進入你的主場，而當他們分享採訪內容時，也會將自己的受眾帶進來。

我們曾與亞特蘭大一間行銷公司合作過，這間公司一直在設法讓國內某間財星一千強企業的行銷長（CMO）注意到自己。這是項艱鉅的任務，該公司嘗試過不少傳統的推播式銷售技巧，但都不見成效。

後來他們改變心態，將自己想像成媒體，而不是一間行銷公司，並做出業界少見的創舉——在辦公室裡興建了一間 Podcast 錄音室。他們的確想邀請目標客戶上 Podcast，但終極目標是吸引行銷長走進錄音室接受採訪，直接感受對方的企業文化。

他們開始聯繫目標名單上的行銷長，邀請他們來錄製節目，沒想到回覆率出奇得高。他們之前提出的邀約總是石沉大海，沒想到現在居然能和這些行銷長像朋友一樣聊天，而且是按照自己的條件、在自己的辦公室開錄，並和對方建立良好的關係。後來他們與兩間受訪企業簽訂合約，也與董事會相處得十分融洽。

不是只有正式訪談，才算以人際關係為主體的內容，你可以將這項元素融入自己創作的所有內容中。

接下來，我們會介紹此類內容的不同形式及實行方式。

靠邀請、引用，創造人際關係

使用此類內容的方式很多，以下是我們推薦的手法：

1. 製作訪談節目

你有沒有考慮過，利用訪談節目敲開機會的大門？德州成長速度最快的地方銀行就這麼做了，而這項策略徹底改變了他們對待企業成長與推薦行銷的態度。

走進該銀行位於奧斯汀市區的新分行，你會發現很多銀行都有的元素：服務櫃臺、辦公室、咖啡機……但當你往左手邊看，就會發現一個特殊的場所——一間 Podcast 錄音室。

你有見過大廳附設錄音室的銀行嗎？為什麼要在銀行建一間錄音室？他們很清楚奧斯汀當地每間銀行建立新關係的手法，大多都是：「嘿，來打場高爾夫，喝點小酒，然後一邊吃午餐一邊談公事吧。」

因此，他們決定做些別出心裁的事，建立自己的權威效應。與其以索討的姿態去求人（而且要的還是對方最寶貴的資產：時間），他們打算帶著勝利的保證書，去聯繫自己鎖定的領導者，大方的告訴他們：「我很欣賞你們公司，所以想邀請你擔任我們下一期節目的嘉賓。」

他們發現對方的回信率很高，而且大多表示自己相當樂意前往新分行受訪。即便對方婉拒，雙方仍能建立起一段新關係。但在大多數的情況，這次訪談最後都會成為雙方合作、推薦客戶、建立良好關係的契機。

回到白板上那五十個最有可能幫助你更上一層樓的人，你可以透過訪談節目與他們建立關係，或是鞏固既有的連結。利用你的 Podcast，鼓勵認識你、愛你的人幫你分享；把 Podcast 當成工具，效仿剛剛提到的行銷公司和銀行，去接觸你想認識的人。

你要做的不是向潛在客戶發送推播式電子郵件，而是要寫信告訴他們：你很欣賞他們，想邀請他們來錄製節目。

以第一五二頁圖表 8-1 的邀請信為例，你的銷售團隊過去幾年間一直都想聯繫上製磚公司 Acme，但都不得其門而入。現在你已成功繞過守門員，用一封電子郵件直接聯繫到執行長，而對方看到標題後，一定也會迫不及待的點開閱讀。她可能沒聽過你的名字，但只要看到富比士及你近期採訪過的人物，她絕對無法拒絕這項邀約。

這麼做不僅能妥善運用時間，發揮其最大效益，同時還能為受眾創造有價值的內容。

你還可以考量下列幾個與訪談節目有關的實用面向：

- **聚焦**：優質的訪談節目，使你能將全部注意力放在與你建立關係的對象身上。無論你是否能藉著這集節目累積大量受眾並刺激企業成長，花出去的時間都能創造價值。我們想再次提醒你，不要太在意聽眾的多寡，要聚焦於訪談，好好與這五十個人打好關係。
- **別掉進誘售法（bait and switch）的圈套**：訪談節目如果被當成一種銷售手法，就會徹底失去效果。我們要再次重申，**你必須將自己當成媒體管道**（在開始錄製 Podcast 時，你就已經成為媒體），所以**與來賓互動時**，**請不要加入任何推銷話術，而是利用訪談創造的對等環境來鞏固自身權威**。訪談結束後，你可以送一本親筆簽名的新書給對方，感謝他們來上節目，或是發送跟進信（follow-up note），但最好是讓對方主動向你索取更多資訊；相信我，他們通常都會自己多問。
- **形式**：許多領導者偏好部落格文章形式的文字訪談內容，但我們建議採用 Podcast 或影像訪談，這樣才可以和你想建立關係的目標有更進一步的接觸。
- **製作宣傳品鼓勵來賓分享**：訪談結束後，下一步就要讓來賓用最簡單的方式分享節目連結，並將這集節目加入他們日常的宣傳清單中。

制定好訪談節目藍圖後，你只需要根據不同的來賓稍做調整即可。即便你接下來不再變更內容策略，而是堅持做訪談節目，不停邀請高價值的舊識和目標對象，你依舊可以持

圖表 8-1　Podcast 邀請信這樣寫

主旨：邀請函－富比士出版社《文化有關係》Podcast

雪倫（Sharon）您好：

我一直都是您的粉絲，也很欣賞您與 Acme 製磚公司團隊所做的一切。是這樣的，我在富比士出版社 Podcast 網有一檔節目叫《文化有關係》（*Culture Matters*），誠摯邀請您擔任下一期節目的嘉賓，和我們分享 Acme 的企業文化和您的個人心得。

我最近才採訪過 IBM、德勤會計師事務所（Deloitte）和亞馬遜（Amazon）的主管，每位都是一時之選。以下是各集節目的連結，供您參考。

如果您願意參加我的節目，請回信告訴我，我會再附上更多相關細節，謝謝。

凱西（Cathy）

續幫助企業成長。

2. 將其他人納入內容中

一般來說，內容策略涉及越多人，你的受眾與影響力成長速度就越快。

恭喜！你的公關團隊請你為《富比士》雜誌撰寫一篇文章，在興奮一陣子後，你陷入沉思，考慮如何將此次機會的價值發揮到最大。你可以從自身觀點出發，撰寫一篇八百到一千字的短文，藉此獲得價值；然而，你還有一個選擇，可以讓此次邀稿機會帶來的價值倍增——你可以在文中加入一些引言，或是提到其他人的名字。這樣做不僅能向對方釋出善意，交出的文章內容也會更豐富。

你可以向最常幫你美言或推薦新客戶的夥伴發一封郵件，如第一五五頁圖表8-2。

我們希望吉姆在讀完這封信後，腦中出現下列兩種想法：「哇，沒想到馬克居然能幫富比士寫文章！」以及：「他居然會想到找我做訪談，真是太感謝了。」

文章發表後，吉姆一定會瘋狂宣傳，因為自己說過的話能出現在《富比士》雜誌上，實在太有面子了，而他在宣傳時，一定也會向自己的受眾大讚馬克是個好人。

在每篇文章或部落格文章中，最好引用三到五個人，這樣既可以鞏固現有的關係，又能建立新的人脈。

在這類情境中，人際關係之所以能呈倍數成長，最重要的原因是，另一方不會把你當成販售產品的銷售員，而是將你視作媒體。當你與對方展開同儕式互動時，就能在無形中賣出更多產品。

3. 利用社群媒體建立、鞏固關係

想為受眾提供有價值的內容，並和記者、KOL及現有和潛在聯絡人建立關係，最有效率的方式就是分享對方的內容，並標註對方。但我們不希望你是以粉絲的身分做這件事，所以不要只是簡單的留下一個「讚」就算了，而是要像同輩一樣評論，留下只有同行權威人士才說得出的內行話。

假設你在週日早晨，發現客戶的姓名出現在某篇文章中，你可以花五到十分鐘在推特與LinkedIn上標註對方，並附上文章或專題報導的連結。這乍看之下不過是舉手之勞，但在被標註的人眼中卻意義非凡。

你也可以在臉書、LinkedIn或推特上做一個專題系列，每週分享你認為值得大家關注的當地企業、非營利組織或一般組織。無論看到這則貼文的受眾是否真的在意，至少被你點名的組織都會感謝你的好意，你們的距離也會變得更近。

圖表 8-2　邀請別人提供引言

主旨：《富比士》雜誌文章訪談，有興趣嗎？

嗨，吉姆（Jim）：

你在達拉斯一切都還好吧？

我最近在幫富比士寫部落格文章，主題是危機領導，剛好符合你今年帶領顧問公司挺過疫情危機的經歷，所以我想在文章中引用你說過的話。想問你週四有空做個訪談嗎？

先謝了。

馬克（Mark）

4. 將其他人寫進你的書中

在本書第十一章介紹贏得媒體的部分，我們會解釋出書如何為你開啟機會的大門，然而，太多作者都犯了同一個錯誤，就是用以自己為主體的內容塞滿整本書，都是他們的故事、他們的觀點、他們的想法……書中有那些內容固然好，但最好也能看到白板上那五十個人的名字，而且越多越好。

莊士頓在暢銷書《領導力大地震》中，就樹立了很好的榜樣，並藉此拓展了自己的人脈：

> 我是管理學教授，也是一名企業主管教練。我的工作是訓練因不願改掉命令與控制管理風格……而被開除的領導者[4]。這種管理風格毫無效率，只會催生恐懼文化。我想幫忙，但我得先搞清楚狀況，我暗自心想：「究竟是怎麼了？」我決定先從訪問有經驗的國際領導者跟成功領袖做起，後來我才驚覺，原來人脈才是探索過程的關鍵，當時的我無論身為學者或教練，影響圈都太小了。

作為一間出版社，只有能為作者帶來最多商機、賦予作者最多獨立性與影響力的書，才有資格被我們稱為成功作品。想達成這些目標，作者就必須用作品與想建立關係的目標對象破冰，並鼓勵已經認識你的人公開討論這本書，而你只要將他人納入你的作品，就能輕鬆完成這兩件事。

寫書是一件大事，將他人寫進書中亦然，可別忽略了這件事能對旁人造成的影響。事實上，我們有很多客戶在出版自己的作品前，就已經靠著這項原則收穫了不小的投資報酬。

簡單來說，以自己和以新聞為主體的內容固然重要，但想提升自己受歡迎的程度與影響力（說直接一點，就是成為一個有趣的人），關鍵還是在於以人際關係為主體的內容。

當一個人具備媒體思維，就能用比較舒適的狀態接受自己的權威，並透過為他人製作內容與對方建立關係，同時為受眾提供價值。當然，以自己和以新聞主體的內容，最終也能帶來影響，但人脈能幫助你放大影響力與信任度，變化更加迅速。

只要操作得宜，內容行銷就能成為建立新關係的途徑，但只有具備罕見思維的人能領悟這項道理。若你能接受此概念，你就能暢玩一場所有人都還摸不清規則的遊戲。

你現在已經知道如何平均發布三種不同類型的內容，現在，你可以回頭審視自己在各個通路發過的東西，包括影像、文字、聲音和照片。

---

4 作者按：我們稱這類型領導者為「自上而下的領導者」（詳見第三章）。

我們猜想你發布的內容，大多是以自己為主體，不過就像崔維斯所說，創作內容的樂趣來自將其他人納入你的作品內。這樣做可以讓其他領導者成為主角、為受眾帶來不同看法，並開啟新機遇的大門。在創造權威的同時，請發布本章提及的多元化內容，不要挑食，才能為自己創造最大利益。

第 3 部

全新媒體環境下的虛擬不動產

了解當今的媒體分類，並用它們建立權威

第九章

3 種打造
權威效應的管道

二〇一三年是品牌自然觸及率的黃金時代，全球行銷人員都在臉書上大展身手。幾年前，我們才為某國際知名品牌在臉書上設置公司頁面，並將受眾人數提升至百萬級別。由於有大量的受眾，加上臉書為品牌提供的超高自然觸及率，這名客戶收獲了驚人的流量（銷量亦然），而該品牌也成為我們公司的超級客戶。接下來幾年間，受眾人數持續增長，觸及率也日益攀升……直到二〇一三年秋天，全球行銷人員都碰上了業界最黑暗的一天。

臉書發起首次重大演算法改變。

在這之前，臉書刻意讓品牌在平臺上獲得大量受眾，將他們養得又白又胖。他們一開始的做法，是向在臉書設置新頁面的品牌提供免費的公開訪問權限。

在臉書的安排下，品牌已經習慣了大量受眾來訪帶來的好處。後來，臉書按下了改變演算法的開關，向所有品牌宣布：「恭喜，你們的公司頁面累積了大量受眾，不過你猜怎麼著！你的受眾用的可是我們的平臺，如果你還想觸及他們，就要開始付錢買廣告。」

臉書是第一個對品牌使出誘售法的平臺，之後其他社群媒體平臺紛紛跟進，包括LinkedIn、Instagram、推特等。事實上，他們的行為就是一部社群媒體平臺至今仍在沿用的教戰守則：

- **第一步：**利用絕佳使用者體驗，吸引大量受眾到社群媒體平臺。
- **第二步：**提供免費的超高自然觸及率，讓平臺上活躍的公司與廣告商嚐到甜頭。
- **第三步：**等品牌在平臺上累積大量受眾，也習慣當前的觸擊率後，立刻轉換演算法、限制觸及率，誘使對方付錢。這筆錢可以直接付給平臺，或是成為公司的間接成本，因為即便是讓品牌自然的出現在搜尋結果中，你也必須投資在平臺認為重要的項目上，一旦這些項目改變，你就得改變資產配置來迎合規定。其中，還有一些品牌非遵守不可的規定，唯有如此才能獲得必要的曝光度，並提升品牌信任度。

社群平臺一直都在用特定演算法，替全球點閱率最高的管道吸引群眾注意力，而這類演算法近期不斷遭受各界攻擊——像是歐盟（EU）[1]和馬斯克[2]。說白一點，若你想透過自己在這些平臺上累積的受眾刺激生意，此類演算法絕對會處處和你作對。

使用付費媒體（詳見第十章）時，最常犯的錯誤就是在別人的不動產（即社群媒體平

---

1 於二〇二三年八月，正式規管十九個大型社群媒體網站的《數位服務法》（*Digital Services Act*，簡稱DSA）規定，除了必須刪除非法、虛假內容外，同時限縮定向廣告可應用的數據，代表禁止利用個人敏感數據（如宗教、性取向、健康和政治立場），來對使用者投放定向廣告。

2 馬斯克在收購推特一事上表示，他想全面檢討推特內容的管理政策，讓推特成為一個言論自由的平臺。

臺）上累積大量受眾，又不設法將受眾轉移到別處，導致你與受眾之間產生隔閡，最後讓平臺有機可乘。

不要掉進他們的陷阱裡。

我們會在第三部**介紹媒體環境的現況，並教你如何利用付費媒體與贏得媒體帶來的能見度，將受眾引導到你的不動產上**，使你能全權掌控雙方的連結。

媒體環境大地震已經不是什麼新鮮事了，懂得利用新形勢的人將一帆風順，不諳此道的人不僅會浪費掉許多成本，更會處處碰壁。

了解新媒體環境的關鍵，在於搞懂虛擬不動產（virtual real estate），說得清楚一點，就是你要知道你與受眾間的溝通連結「歸誰所有」。在過去，傳統媒體因為擁有大量受眾，可以被稱為超級大地主；如果你想觸及他們的受眾，方法不外乎租用平臺（也就是購買廣告），或是接受他們的採訪或專題報導。

然而，近年來，傳統媒體的權力早已交棒給全球各大付費媒體平臺，如谷歌、臉書、TikTok、LinkedIn、推特、Instagram 等。如前面所說，這些平臺都遵循同一套教戰守則，處心積慮成為你與客戶群中間的電燈泡，終極目標是要你付錢取得接觸客戶的管道。

你應該也知道，想邁向成功，就絕對不能無視付費媒體或贏得媒體，畢竟這兩種媒體確實能讓你接觸到大量受眾。我們認為你在使用這些平臺時，應該制定相關策略，將受眾引導至自己的不動產上。唯有如此，你才能實際掌握雙方之間的連結。

如何用有效率的方法做到這一點，目前還算是一門新技術，在之前的媒體時代，傳統媒體手上握有大批受眾，若權威人士想來分一杯羹，將這些受眾引導到自己的不動產上，過程也比現在更困難。在那個時候，權威人士會透過郵寄信件的方式，從傳統媒體手上吸引受眾，這種做法可以產生可觀的吸力。

因此，預算無上限的大企業就獲得了絕佳優勢，因為小公司或個人根本沒有資本建立權威，他們與受眾的連結也不太可能屬於自己，通常都隸屬於別的平臺。也就是說，除了不停新增客戶到實體郵寄清單並持續聯絡對方（燒錢又吃力不討好），個人與小公司並沒有成為「媒體」的能力，所有人都只能透過媒體做生意。

時間快轉到今天，付費與贏得媒體依舊存在，但客戶開發與客戶利用這兩個領域最大的變革，就是人們除了實體郵寄清單又多了一項新工具：自有媒體。當你掌握與受眾之間的連結時，便能清除橫亙在雙方間的一切阻礙，讓你在不停變動的媒體環境中保持領先。

下頁圖表 9-1 是新媒體環境的示意圖。

由付費、贏得與自有媒體組成的框架概念，最早出現在謝爾頓與芭芭拉．凱夫．亨利克斯（Barbara Cave Henricks）於二〇一六年共著的《把握新媒體格局》（*Mastering the New Media Landscape*），不過你可能在更早之前就聽過這些名詞。根據我們的經驗，這三

圖表 9-1　新媒體環境的三大媒體

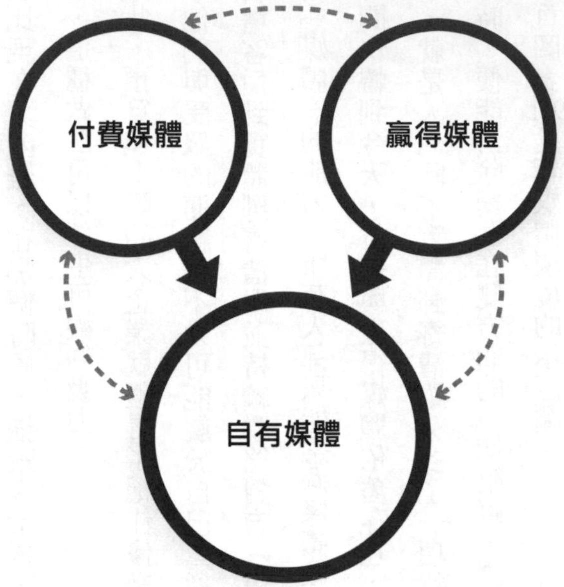

類媒體大家可能都聽過，但絕大多數領導者都不清楚三者間的關係，也不知道究竟該如何讓它們發揮最大效益。

接下來，我將帶你深入研究三類媒體，並告訴你如何透過整合這三大媒體，來創造權威效應。

第十章

付費媒體，可能被收「接觸費」

雖然我們在第九章調侃了臉書和其他社群媒體平臺，但在後媒體環境下，付費媒體確實是一件拓展觸及率和影響力的利器。

然而，付費媒體也是一把雙刃劍。

如前面所述，雖然透過社群媒體累積受眾是不錯的做法，但若不設法轉移受眾，就會漸漸受制於該社群媒體管道，導致最後必須看對方臉色才能接觸到受眾。簡而言之，這就像是在別人的地盤上培養支持者，你很難預測將來平臺方跟你收的「接觸費」會有多高。

先說清楚，我們並不是要你在建立權威時，刻意避開付費媒體，事實恰恰相反——我們希望你善用付費媒體。一定要謹記，在別人的不動產上累積的受眾並不屬於你，你只是跟對方租借而已。所以，在制定付費媒體策略時，必須將重點放在為受眾提供價值，再設法將他們引導到你的不動產上。

我們一直鼓勵領導者創造權威效應，並打造能見度、真實度更高的個人品牌。聽完我們的建議後，大多數領導人都會立刻認為，他們要用付費媒體達成目標。付費媒體究竟是什麼？當你不擁有某種媒體的不動產，卻能完全掌控自己在上面發布的內容，這種媒體就可以被稱為付費媒體，例如：

• 廣告。

- 社群媒體頻道（LinkedIn 帳戶、臉書個人頁面等）。
- 公司官網上的個人履歷頁面。
- 可以查到你的資料的第三方網站，如新創公司資料庫 Crunchbase、醫事人員服務網 Doximity，或美國醫療保健提供者資料庫 Healthgrades。

然而，使用付費媒體不會為你創造權威，因為這類媒體的進入障礙（barrier to entry）[1]極低，你的受眾也很清楚這一點。畢竟只要有預算又能上網，人人都能買廣告或開通推特帳號。

雖然付費媒體不具備可信度和槓桿力，但只要使用得當，它就能用自身規模和精準鎖定受眾的能力彌補缺陷。

我們知道大家習慣把社群媒體管道歸為一類，但每種通路都有各自的眉角和規矩。你可以將各個社群媒體管道當成光譜上的點，光譜的一端是維持人際關係的方式，靠近此端的規矩如下：用戶的目的是與自己認識的人和品牌保持聯繫。

此端的代表通路是臉書。大多數人使用臉書都不是為了尋找新的合作夥伴，也不是為

1 新進入者必須招致的固定成本。

了結交新朋友，這兩件事和臉書的文化互相衝突。但這並不代表目標明確的廣告活動無法帶來新粉絲，你舉辦的活動依舊會有成效。只是，現實是如果臉書用戶不會主動搜尋你，那想在不投放廣告的前提下累積粉絲，可謂難如登天。

光譜的另一端，則是建立人際關係的社群媒體管道，這類型通路的規矩如下：用戶會與認識或不認識的人聊天，討論彼此都有興趣的話題。此端的代表通路是推特，其次是Instagram，因為人們對Instagram主題標籤促成的對話和連結，接受度相當高，而這些對話和連結可以串起志趣相投、但不一定認識的人。

曾幾何時，LinkedIn也和臉書一起占據光譜的極右端。人們過去只會出於兩個偶發的理由登入：找工作或招聘員工。

LinkedIn也知道其平臺主要的功能，是建立在「交易型」服務上，因此用戶總是久久才造訪一次。有鑑於此，他們下了一番功夫改造用戶體驗（被微軟收購後尤為明顯）。

幾年前，LinkedIn大刀闊斧，實施了一項所有大型社群媒體平臺都不曾嘗試過的轉型計畫，將平臺重心從原本的求職改為內容行銷。從此以後，LinkedIn的策略就是協助用戶規畫個人檔案，將這個網站打造成用戶的事業基地，造就了我們今天看到的LinkedIn。

本書篇幅有限，無法詳述每一個社群媒體平臺的具體策略。我們之所以會以LinkedIn為例，是因為當人們在谷歌上搜尋某位領袖的姓名時，最常出現的結果就是LinkedIn專頁。

由於此網站能造福本書大部分讀者，所以我們想和你分享一些經營門道。

姓名及頭銜，必須有一致性

LinkedIn 最大的轉變，就是從將曾經的履歷式個人檔案改為目前的版本，給人的感覺更像網站首頁。他們深知，只要能鼓勵用戶將平臺打造成專業人士的基地，拋下老掉牙的偽履歷格式，換上更有活力的外觀，使用者就會將更多注意力放在 LinkedIn 上。

首先，他們徹底改造了用戶的靜態個人檔案。在我們撰寫本書時，LinkedIn 個人檔案已經換上動態介面，可以透過編輯功能發揮無限可能。我們建議尚未建立個人品牌網站基地的領導人，先好好經營 LinkedIn，讓個人檔案成為你在受眾心中留下的第一印象，而且你必須精心打造這個形象。

以下是成功的靜態個人檔案應具備的關鍵元素：

首先，是**視覺元素**，善用下列圖片，可以打造出視覺效果滿分的個人檔案：

- **背景圖**：背景圖就是位於個人檔案上方的水平圖像。我們看過太多帳號沒有為個人檔案設置背景圖，或是將背景圖設為平凡無奇的海灘照，這樣根本無法讓瀏覽檔案的訪客留下印象。還記得我們在推薦個人網站背景圖時，一直強調的連動權威嗎？設置背景圖時，請依樣畫葫蘆，**想想手邊有沒有最能建立權威的視覺元素，例如公開發表演說、接受媒體採訪或領獎的照片**，目的是將自己定位為替眾人解惑的專家。

- **頭像**：放上與你想營造的形象相符的清晰近照即可，不需要搞得太花俏。
- **個人履歷圖片、影片**：LinkedIn 除了讓用戶可以發布完整的敘事型履歷，還保留了舊版的履歷（位於個人檔案最下方）。你可以上傳圖片和影片來豐富內容，也可以附上高價值文章或媒體專題報導連結。
- **連結**：上傳演講的影片跟高清的靜態圖片，並精選三到五個連結，讓訪客見證你在媒體上大放異彩的時刻。如果你有寫過書，別忘了附上亞馬遜連結。我們將在本章後半部談論即時影像與圖片，現在你只要確保所有靜態圖片都符合標準就好。
- **商標**：商標要和自己的工作經歷呼應，不少人在編輯時都會漏掉這項視覺元素。創業者在描述個人經歷時，都會提到自己的公司，卻沒有正式公司主頁，而沒有主頁自然就不會有商標。這會讓目標受眾產生兩個錯誤的印象：第一，你在瞎掰，第二，你的公司規模太小，所以才沒有主頁。請不要嫌麻煩，先為公司設置主頁，給受眾留下好印象。

除了圖片之外，另一個重點就是文字。在網路世界，視覺元素決定了眾人對你的第一印象。我們要先確認在你用對圖片、成功勾住受眾目光後，你在個人檔案中留下的文字可以強化你的權威。

用對字詞很重要，以下是你的個人檔案應具備的關鍵元素：

- **你的名字：**很簡單，對吧？你只要確保你在個人檔案列出的名字，與你的「品牌名稱」一致。我們前面才用了大篇幅討論品牌名稱有多重要，所以請確保在你的個人檔案中出現的姓名，包含你在品牌中使用的暱稱、英文名等。就搜尋引擎最佳化而言，使用不一致的姓名不僅是一種策略失誤，也等同把曝光機會送給對手，我們見過太多類似案例了。
- **頭銜：**雖然頭銜只是出現在姓名旁的短短一行字，重要程度卻無可比擬，因為訪客能透過這行字概略了解你的身分與職業。除此之外，頭銜也會跟照片和姓名一起，出現在 LinkedIn 所有頁面（包含搜尋結果、文章署名旁）。我們建議不要只是列出實際職稱（如財務顧問、創業者、牙醫），而是加上最適合自己的敘述語句包裝，如下頁圖表 10-1。
- **個人履歷：**方才提過，LinkedIn 對靜態個人檔案所做的最大變動，就是風格轉換，從純履歷改為敘事與履歷的綜合體。還記得嗎？我們剛剛說過，你的個人檔案可能是你留給受眾的第一形象。因此，最好將張貼於個人網站的履歷搬運到 LinkedIn。你可以花點時間整理，將能建立信任感的連動權威、以使命為核心的領袖思維融入其中，將影響力發揮到最大。

- **工作與求學經歷**：工作與求學經歷沿用履歷風格，你可以逐項列出。一般來說，知名大學與在 LinkedIn 上設有主頁的企業，都會在下拉式選單中出現，算是蠻貼心的設計。若你有經營公司，請務必多提供一些相關資料。

若你已經安排好個人檔案中的視覺和文字元素，那恭喜你，你可以暫時不去管它。我們建議你每季審查一次靜態個人檔案，添加新的圖片、更新個人履歷並修改內容。

對了，我們給出的大部分建議，也適用於其他社群媒體，如推特的背景圖或 Instagram 的姓名。務必注意一致性，並利用視覺元素讓還不認識你的人信任你。

圖表 10-1　LinkedIn 頭銜這樣子寫

約翰・史密斯

暢銷書作家兼專業主講人｜史密斯傳媒 CEO ｜熱血的 ROI 行銷人｜ # 創業家協會

人脈，等於對方幫你間接背書

雖然 LinkedIn 希望你將個人檔案當成自己的專業基地，但一定不要忘記，自有媒體才是你的基地（我們會在第十二章討論更多）。所謂的自有媒體，就是你的個人網站、電子信箱、郵寄清單。

在你看來，LinkedIn 是付費媒體，但對 LinkedIn 而言，你的個人檔案與平臺就是它的自有媒體。因此，他們的目標就是要抓住你的注意力，再將你的內容與受眾留在他們的不動產上，藉此賺錢。我們現在一直在敦促你換個心態去做的事情，LinkedIn 幾年前就達成了，它決定轉型成媒體管道，而得到的結果是超越過去的自己，成為高效社群媒體平臺。

簡而言之，LinkedIn 不想再眼睜睜看著眾人離開，轉而投奔《富比士》、商業月刊《快公司》（*Fast Company*）、《哈佛商業評論》、YouTube 等平臺。LinkedIn 意識到自己的平臺其實也有優勢，可以挖掘到商業內容，但如果想增加營收，他們必須設法透過平臺獲利。也就是說，LinkedIn 想促進同類商業內容的創作活動，卻不想花錢請記者來做這件事。他們的做法是籌組優秀的編輯團隊，並將創造內容的工作交給他們可以取得的勞動力中，最便宜也最積極的——你。

說得更具體一些，LinkedIn「紅人」（Influencer）計畫中的一百名初代紅人，就是由編輯委員會親手選出。沒錯，是由真人組成的編輯委員會，包括前美國總統巴拉克・歐巴馬（Barack Obama）、英國億萬富豪理查・布蘭森（Richard Branson）等全球權威人士。

在紅人計畫第一階段，LinkedIn 規定只有編輯委員會有權限創作長篇內容，但最終還是開放給每位用戶。他們的策略不僅讓原生內容數量在 LinkedIn 的不動產上激增，也給了使用者突破人脈限制、累積更多受眾的機會。

LinkedIn 從來都沒有解散編輯團隊，截至二〇二三年，他們共有約兩百名編輯，遍布世界各地。這些編輯用心製作專題報導、創造標籤，突顯 LinkedIn 與其他社交媒體平臺的差異，並為眾多領導者提供素材，讓他們可以在上頭創作令人眼睛為之一亮的內容。

在過去，想在 LinkedIn 累積受眾，就必須正式與其他用戶建立關係，但現在多了一個「關注」選項。只要有人關注你，即便你們沒有正式建立關係，對方也能收到你的發文通知。

我們不建議你接受陌生用戶送來的建立關係請求，因為你一旦接受，對方就能接觸到你所有人脈，你則會被當成推薦工具人。舉個例子，假設一名壽險業務看見你擁有許多優秀人脈，可能就會向你送出建立關係的請求，看你會不會按下接受。如果你接受，對方就會開始向你的人脈傳送產品資訊。收到產品資訊的人只要一查，就會發現你是他們與該業務的唯一關係人，最後就是你替那名業務揹黑鍋。

但當你實際認識的人要求與你建立關係，我們一律建議接受。這類人脈是贏得與付費媒體的完美綜合體，在現今媒體環境尤其重要。當某位用戶在瀏覽你的 LinkedIn 檔案時，系統會顯示你們之間有沒有共同的關係人。如果有，而且剛好這個人又是這名用戶認識且敬重的對象，那你等於獲得對方的間接背書。由於你與這位用戶都認識同一個人，所以你也能快速獲得對方的信任，效果類似在真實社交場合中，對方透過共同朋友介紹而認識你一樣。

不過，假設這名用戶不欣賞你們的共同關係人，這種間接背書反倒可能害到你。因此，請時刻注意人脈的近況，只與自己認識和欣賞的對象建立關係。你能為其他用戶做的，就是在 LinkedIn 上創作值得關注的內容，累積越多關注者越好。

短文結合時事，長文可搬運他處文章

我們已經用了大量篇幅探討優秀內容策略該有的模樣，但除此之外，我們還想特別提出幾點，幫助你提升自己在 LinkedIn 上的存在感。

近期有推出一項策略，目的是為了區分思維領導者（內容提供者）與勞動力領導者（內容消費者），做法是在個人檔案中加入「創作者模式」（Creator Mode）；以撰寫本書期間為準，目前只有關係人數量大於兩千的用戶能開啟創作者模式[2]。

這項策略可以讓平臺用更有效率的方式，將個人檔案內容推送給群體，並讓你獲得更大的優勢。

除此之外，許多人也預測接下來 LinkedIn 會出現各種形式的付費訂閱內容，如文字、Podcast、影片等。

接下來，我們會將 LinkedIn 上靜態履歷與一對一私訊以外的內容，分為兩大類，分別是短篇內容與長篇內容。雖然你會在 LinkedIn 上同時看到這兩類動態消息，但差異性其實非常清晰。

1. 短篇內容

登入後，你就會看見動態消息，內容和臉書、推特等平臺大同小異。頁面最上方有「撰寫動態」欄位，你可以在這裡發布照片、影片或文字內容，也可包含外部連結。撰寫動態下方還有「撰寫文章」選項，不過文章屬於長篇內容，我們稍後會提到。

你可以將我們先前討論過的策略，套用在短篇內容上，首先，請盡可能讓越多人出現在內容中越好，多擴大觸及率、與他人建立關係；第二，最好能與時事結合；最後，短篇內容囊括越多視覺元素越好。

在發布短篇內容時，也請牢記下列幾點：

- **視覺元素百戰百勝。**無論是照片或效果更好的短影片，只要配上優質視覺元素，就會有更多用戶瀏覽你的內容。
- **只在 LinkedIn 上發布原生影片。**請務必記住，LinkedIn 的演算法只有一個目的，就是強化能將用戶注意力留在其不動產上的行為。假設你拍攝了一支製作精良的影片，卻先把影片上傳到 YouTube，再將連結發布在 LinkedIn 上，這支影片的觸及率就會被演算法限制，因為你的連結會將用戶帶到其他平臺上。所以，請把影片直接上傳至 LinkedIn，以獲得演算法支持，並擴大觸及率。
- **在內容中提到其他人的名字。**當你將內容行銷運用得淋漓盡致，它就會成為建立人際關係的載體，而短篇內容就是實現這項終極目標的利器。

---

2 以二〇二三年十二月為準，在 LinkedIn 上首頁上方點選「我」〉「查看檔案」，會在「相關資料」區塊看到衛星接收器的符號，編輯為「開啟」後，即可打開創作者模式。

2. 長篇內容

你可以將長篇內容想像成部落格文章，其實在最理想的狀態下，你在三大類媒體都要有一個部落格專區。自有媒體的部落格就在個人網站中，贏得媒體部落格則位於目標媒體平臺上，如《富比士》、《今日心理學》（*Psychology Today*）、《哈芬登郵報》等；而付費媒體的部落格，就是你在 LinkedIn 上發表的長篇內容。若你在自有或贏得媒體上都沒有部落格，那不妨先嘗試在付費媒體上經營。

如果你實在不願意再多經營一個部落格，覺得這樣壓力太大，告訴你一個好消息：你可以將自有與贏得媒體上的部落格文章，複製到 LinkedIn，成為 LinkedIn 原生內容。一般來說，我們不建議你複製內容，因為這麼做不利於搜尋引擎最佳化。但你之所以可以在 LinkedIn 上這樣做，是因為以我們撰寫本書的時間為準，谷歌只會檢索 LinkedIn 靜態個人檔案的內容，不會檢索長篇文章。

如果你將自己為《富比士》撰寫的線上專欄文章連結，以短篇動態的形式發表在 LinkedIn 上，平臺演算法就會限制觀看這則動態的人數，因為這篇貼文會將用戶導向別人的不動產上。所以，你必須點選「撰寫文章」，再貼上自己的文字，這樣內容便會以原生形式發表。你可以在長篇內容的開頭或結尾補上一句「本文章最早發表於 Forbes.com」，這樣不僅照顧到內容最初登場的平臺，也能產生你想要的連動權威。

創作長篇內容時，請遵循第八章提到的三大內容分類：以自己、以新聞，及以人際關係為主體的內容。

此外，發表文章時也要附上準確的標籤，才能讓關注者以外的用戶搜尋到你的文章。如果你覺得這則長篇內容對某些群組有幫助，也可以與他們分享，這樣做可以增加觀看次數，並吸引更多關注者。

LinkedIn 的通訊功能（即電子報，開啟創作者模式時會連帶開通）通常是最有效率的長篇內容形式，對正在閱讀本書的你來說，LinkedIn 通訊的好處多不勝數，因為一封好的電子報，可以促使受眾和你積極互動。

想必你已經發現，我們其實都很喜歡 LinkedIn，當然，**LinkedIn 依舊是尋覓人才的優質平臺，但在現今的媒體環境中，唯有透過有效率的方式，和能助你一臂之力的人建立並維持關係，才能提供更大的價值。**想在 LinkedIn 上成功，下列兩項元素缺一不可：一、用高明的手段建立品牌，也就是編輯靜態個人檔案；二、持續發布高品質的長、短篇內容。只要你按照上述方式經營，相信你也會愛上這個平臺。但無論我們有多喜歡 LinkedIn，它終究是付費媒體，也永遠是你的房東。

用誘因磁鐵打廣告，作用如自動提款機

現代人做廣告的形式非常多樣化，從社群媒體廣告到傳統的印刷宣傳單都有。然而，所有廣告行銷都只能賦予付費媒體訊息最低限度的權威，畢竟受眾也知道廣告可以砸錢購買。所以，唯有將廣告與贏得和自有媒體整合，才能創造權威效應。

許多人在投放廣告時，都會犯下列兩項錯誤：挑錯媒體管道或選錯目標受眾，導致預算付諸流水。然而，絕大多數廣告行銷會變成做白工，是因為在製作廣告時，太想讓興趣缺缺的潛在客戶立刻掏錢消費。其實，**你應該將廣告行銷當成讓不感興趣的客戶發現你的機會，並設法使他們在不花一分錢的狀況下與你互動**（也就是誘因磁鐵〔lead magnet〕[3]，可以是一個小測驗或是白皮書）。

所以，我們衷心希望你不要掉進這個會害你荷包大失血的意識陷阱，嘗試說服還不認識你的人購買或不購買某樣產品，哪怕你的廣告行銷預算中，只有一分錢是花在達成這項終極目標上，都請馬上中止。此外，假設你是想利用廣告將受眾導回到企業資產上，那麼，對方將點擊廣告的動作轉換成實際消費行為的機率便會降低。

雖然廣告行銷有很多地雷，但只要能鎖定正確的受眾，便能讓他們發現你。其實，最

難的就在於有效選擇目標受眾。

由於消費者的隱私意識漸漸抬頭，也更注重自己對行動裝置應有的權利，所以最近蘋果率先祭出更新手機系統的策略。

蘋果的 iOS 14 系統更新，修改了與 IDFA（identifier for advertisers，廣告識別碼）相關的內容，這對廣告商來說絕對是致命的一擊。IDFA 是一種特殊的 ID，每臺 iOS 裝置都會被分配到一個。透過 IDFA，應用程式發行商便可追蹤特定裝置的活動，如使用哪個應用程式與瀏覽哪個網站，以提供個人化程度更高的定向廣告行銷服務。

在過去版本的 iOS 系統中，用戶可以選擇「限制廣告追蹤」。股票投資指南網萬里富（The Motley Fool）指出，這項措施導致二〇二〇年有近三成的用戶選擇退出追蹤計畫[4]。然而，在 iOS 14 系統更新過後，**iPhone** 便開始提醒用戶追蹤計畫的細節，並表示如果想加入各項應用程式的追蹤計畫，就必須明確選擇「加入」。廣告成效應用程式 AppsFlyer 研究指出，由於蘋果明確要求裝置用戶加入計畫，導致六二%的人退出[5]。

3 為網站訪客或目標客群提供，用於吸引他們訪問網站的免費內容。

4 Danny Vena, "Apple's Latest Privacy Move Is a Blow for Facebook, but Not The Trade Desk. Here's Why," Motley Fool, January 4, 2021, https://www.fool.com/investing/2021/01/04/apple-privacy-drops-bomb-facebook-trade-desk/.

5 AppsFlyer, "The Impact of iOS 14+ and ATT on the Mobile App Economy," last updated December 21, 2021, https://www.appsflyer.com/resources/reports/ios-14-att-dashboard/.

蘋果的更新策略，不過是眾多平臺採取的類似措施之一罷了，他們這樣做是為了確保用戶無須擔心隱私外洩，而他們也能徹底免責。與此同時，蘋果的策略也讓依賴廣告的平臺（如臉書）損失數十億美元的廣告行銷營收，因為定向廣告行銷的難度跟著大幅提升。

此外，高度仰賴付費媒體提供的超定向廣告行銷（hyper-targeted advertising）[6]的公司都慘遭淘汰，因為他們原本就不擁有與受眾的連結，現在又被限制，無法透過廣告觸及受眾，這就是我們大力倡導擁有自己的數據與受眾的原因。

雖然上述消息令人灰心，但廣告行銷依舊是付費媒體策略的要角，這是因為，一旦找到可以帶來成效的方式，企業便會加速發展。

或許廣告行銷最大的好處，就是它會逼著你，讓你想盡辦法用有限的預算塑造出最多印象。此外，廣告行銷也是讓受眾發現行動呼籲（call to action）[7]的最佳方式。一些經驗豐富的數位行銷人認為，當廣告行銷碰上誘因磁鐵，其作用就像一臺自動提款機，也是行銷漏斗（marketing funnel）[8]的聖杯：當你投進X元，漏斗就會產出Y元的投資報酬率。

在創造權威效應時，廣告行銷最大的問題就權威度過低，因為只要有錢，廣告這種東西人人都能買。因此，打廣告時一定要結合贏得媒體。如果版面允許，請在廣告中加入權威元素。假設你是在社群媒體上購買廣告，必須遵守字數限制，那就要在到達頁（Landing Peage）[9]附上兼具說服力和明確性的行動呼籲，這樣誘因磁鐵才能發揮功效。

總而言之，廣告行銷想成功，必須滿足以下公式：

- **選擇目標**：你選擇的媒體管道能否接觸到對的受眾？
- **誘因磁鐵**：你在廣告中有沒有提出合適的建議？
- **預算管理**：只在能創造投資報酬率的媒體管道上打廣告。

以上三種元素缺一不可。根據我們的經驗，個人或企業整體狀況良好時，廣告行銷便是一項優秀的工具。廣告行銷並不是激起受眾興趣的最佳方式，而是要助長你已經有的火苗，讓它燒得更旺。

---

6 根據特定的興趣和特徵，向特定受眾提供數位內容。

7 一種誘因磁鐵，激發目標受眾實際採取行動的重要因素，像是立刻購買、馬上報名、了解更多等文案，或是「按讚、分享、開啟小鈴鐺」等常見臺詞。

8 描述了客戶從感興趣到真正購買的過程。

9 一個單頁的網頁，主要目的是讓使用者註冊帳號、填寫表單、購買商品等，將訪客轉換為客戶。

第十一章

贏得媒體，
在路人眼中立刻有地位

贏得媒體，指的是他人不動產上與你有關的所有內容，而**在受眾眼中，這些內容傳遞的訊息都是「你贏來的」。贏得媒體包括：公眾報導、公開演講、線上商業評論或書評、推薦、口碑、獎項等。**

贏得媒體可以是正面的，也可能呈現負面，端看訊息的本質。我們先假設訊息是正向的，在這種情況下，贏得媒體可以立刻為當事人樹立權威，而且效果超好。但也因為如此，不少想建立權威的人都會犯下相同錯誤，將所有雞蛋放進同一個籃子裡，落入畫地自限的圈套之中。

當你的曝光率與客戶流完全（或主要）來自贏得媒體，影響力便難以觸及眾人，因為你無法直接控制媒體要傳遞的訊息。也就是說，我們只能間接控制贏得媒體。

然而，這種局限性正是贏得媒體權威值最高的原因，因為**比起自吹自擂，來自第三方的評論更可信。**有鑑於此，我們希望你在創造權威效應時，將贏得媒體視為重要的一環。

確定好前提後，接著，我們來看看贏得媒體的三大分類（推薦行銷除外）：分別是公眾報導、演講與出書。

在大多數專家眼中，公關與媒體是贏得媒體最重要的兩大元素，因為這些高調的媒體報導，例如登上《紐約時報》，或是名字出現在CNBC的螢幕訊息橫幅上，都是可以在職業生涯中反覆利用的賣點。下次參加有安排演講的會議時，你可以留意講者在自我介紹時，說了幾次「被○○媒體引用過」或「被△△媒體報導過」。

在權威行銷的眾多原則中，這種與媒體連動的權威，最能加快與人建立信任的速度。我們總會抱著一種幾近不理性的心態，認為被《富比士》報導過或上過福斯新聞，那個人就散發著權威性，而這也是為什麼，公關與媒體是個人權威藍圖的關鍵要素。

媒體報導的魔力，不在於你能透過它觸及多少受眾（如果訪談大受好評，讓你觸及大量受眾當然很好），而是在於你可以在建立權威的過程中，再行銷當年的訪談與媒體商標。

公眾報導具備三種不同層級的價值：

1. 第一級價值：你觸及的受眾。假設你接受電視或電臺的現場訪問，或是刊登一篇文章，那麼欣賞該內容的受眾就是最直接的價值。他們聽到你說過的話、讀過你寫的文章後，或許會考慮請你演講或購買你的著作。一說到公關與媒體，大多數人最關心的就是第一級價值，想向受眾販售、推銷自己的服務或產品。

2. 第二級價值：再行銷。這項價值是個人權威續航力的關鍵，假設你在《富比士》發表了一篇文章，那麼在你往後的職業生涯，富比士的商標將永遠被掛在你的網站上，或是出現在行銷素材中。從今以後，所有人在介紹你時，都會提到你曾為《富比士》寫過文章。當你的姓名被主流媒體管道提及，再行銷與連動權威便會連帶浮現，而這就是公眾報導最重要的價值。

假設你從來沒有和媒體打過交道，自然無法向受眾展示媒體品牌商標。但你一定要記住，接受媒體報導是快速建立權威的捷徑。

3. 第三級價值：引導對方回到你的主場。在娛樂受眾、和受眾互動之餘，你可以利用這份訪談或文章，引導人們回到你的自有媒體、將他們新增到郵寄清單中。正因如此，我們才要提前安排合適的誘因磁鐵，把握每篇公眾報導帶來的機會，將價值發揮得淋漓盡致。

定期接受媒體採訪不僅能讓人感到你彷彿「無所不在」，又能建立正面形象。因此，在處理公關事務時，請避免只會讓自己曇花一現的伎倆，而是要制定能夠穩健發展的策略。

以上是好消息，接下來我們要說說壞消息了。

由於媒體環境劇變，每一位想宣傳自己或企業的人，都會陷入知易行難的困境。印刷媒體早已日薄西山，加上電視與廣播節目走向整合製作，如今市面上主流大型媒體管道越來越少，微媒體則是多到數不清。

在這個新的媒體環境，傳統媒體管道的記者紛紛出走，願意留下來的則必須扛下大量工作，用優質內容填滿報紙、網站與社群媒體頻道的版面。現在的情況是行銷人越來越多，大家都追著人數越來越少的記者跑。我們跟一些媒體工作者聊過天，他們說自己每天收到的邀約信高達一千封，也就是說，這種推式策略的成功率雖然不至於零，但難度奇高無比。

獲得公關機會最有效的方式就是推拉式策略，也就是在直接向媒體提出想法之餘，利用高明的內容行銷吸引對方，我們會在本章教你整合推式與拉式策略的方法。

推式策略：設置新聞發布室

在思考如何獲得公眾報導時，腦中可能會出現這項「傳統」策略。推式策略的流程包括制定策略、製作媒體宣傳資料袋（press kit），最後再向媒體管道提出與報導有關的想法，在內心暗自祈禱對方會注意到你。

這套方法雖然有效，但效果較差，而且前提是公關負責人和媒體的關係得夠好。大多數領導者在籌辦宣傳活動時，都會將以下三種媒體列為目標對象：

1. 有品牌的傳統媒體

這類傳統媒體一直都是創業者與領導者夢寐以求的管道，代表品牌包括《紐約時報》、CNBC和《富比士》等。想成為眾人眼中的權威人士，除了寫書以外最快的方式就是和這些品牌連動，因為他們在你的受眾心中，早就代表了權威兩字。

贏得媒體最主要的價值，在於可以在往後數年不斷被再次行銷，將人們引導到你的個人網站，另外兩類媒體無法創造這樣的客戶流。你要知道，這個等級的媒體代表不會急著和你排定採訪日期，而是會先做各種功課，看看你到底值不值得占用他們的時間。

假設你們企業的公關負責人運氣夠好，有幸吸引到某媒體代表的注意力，接下來，大多數製作人、編輯與記者便會本著敬業精神，用谷歌與 YouTube 調查你，看能不能找到什麼警訊，這樣就不用浪費時間和你見面。這些警訊包括客戶差評、看似由業餘人士製作的官網、想傳達的訊息或品牌宣傳不夠明確等，各種讓人質疑你的權威的蛛絲馬跡。

所以，你一定要做到兩件事：一、確保用搜尋引擎查詢你的姓名得出的結果，都與你本人有關；二、確保你能在負責查證的人心中，建立起權威人士的形象。我們見過太多人在品牌都還沒成型時，就急著聘請公關負責人，導致他們在工作時處處碰壁，原因是記者在看到陽春的企業官網和品牌宣傳手法後，便打退堂鼓。

想受品牌媒體青睞，你可以在網站中設置一個「新聞發布室」，並分為下列四大版塊：

- **公關負責人的聯絡資訊**：讓記者能輕易聯絡到你。
- **近期媒體報導連結**：進入發布室的記者看見這麼多媒體採訪紀錄，便會覺得你已經通過同行審查，因此更願意主動聯繫你。

- **下載連結：**讓記者自由下載你的大頭照、媒體宣傳資料袋、書籍封面等資源（高解析度）。
- **建議問題清單：**預先給採訪者一些提問上的建議。

2. 微媒體

雖然品牌媒體的可信度高於微媒體，但只要目標夠明確，微媒體便能帶來驚人的客戶流，而且屢試不爽。微媒體是由超定向個人與小型組織經營的媒體，形式包含 Podcast、部落格、電子報、網路研討會等。

我們曾幫某位《紐約時報》暢銷書作者發行好幾本書，最近她又帶著自己的新書聯繫我們，並明確要求我們為她做微媒體行銷。她之前的宣傳流程都是上全國晨間節目或接受知名報章雜誌採訪，但數據顯示，大多數實際購買的行為（包括書籍、線上課程、演說邀約）都是由 Podcast、部落格和電子報促成。

她的數據也反映當前媒體環境的潮流：**「老牌」媒體式微，眾人紛紛對微媒體投以無比的信任。**因此，當 Podcast 主持人、部落客或其他個人管道向受眾推薦某個人或某本書時，人們通常會立刻查詢或購買，反應與一般大型普通媒體的受眾截然不同。

想獲得微媒體報導，你可能會想和當紅 Podcast 主持人打好關係，但最好不要劈頭就問對方能給你什麼，而是邀請他們錄製你的 Podcast 節目，或是做一篇部落格問答訪談。基本上，微媒體界靠著互惠定律運作，你邀請過的人將來必定會投桃報李，讓你也登上他們的平臺。

3. 地方媒體

我們希望你將地方媒體也列入目標清單，雖然你的主要銷售市場可能是在其他地區，但當地媒體報導不僅意義重大，也有利於人際網路的維護，因為成員們可以看見你活躍於他們定期追蹤的媒體。

對於規模較小的地方市場，光是出書的消息，有時就能被寫成一篇新聞報導。但如果你生活的城市比較大，那就得舉辦一些公開活動（如簽書會），藉此吸引民眾的注意力。很多時候，地方媒體要的只是一個報導你的理由，而公開活動就是絕佳的藉口（地方媒體一般不會報導私人活動）。

若想獲得當地媒體報導，你可以在推特上追蹤當地電視、廣播與印刷媒體名人，在不要求他們為你做什麼的前提下與對方交流。久而久之，這段關係就會為你帶來各種機會。

拉式策略：結合時事，主動吸引公關機會

使用推式策略向媒體發出邀約，很難創造曝光率，因為你必須設法說服對方報導你想曝光的事件，但他們不一定會想做這則故事。反之，當你用拉式策略吸引媒體，就等於將自己融入他們亟欲報導的新聞中，而最後產出的報導篇幅往往會超乎你的預期。

我們常說谷歌是公關大師，因為當記者打算寫某件新聞時，他們大多會上谷歌或推特，查詢更多資料和可能的資訊來源。當然，想讓CNBC主動打電話給你沒這麼容易，但我們仍然可以提升自己被記者注意到的機率：

1. 報名訂閱集客式媒體徵題服務

公關領域近十年來最優秀的創新，是由創業者彼得・尚克曼（Peter Shankman）提出的記者援助服務（Help a Reporter Out，簡稱HARO）。尚克曼深知傳統的推式策略在記者眼中效率極低，於是決定顛覆現狀，不再讓公關負責人和專家去猜想媒體想報導什麼，而是發起HARO，讓記者透過電子郵件提出各種問題。

HARO的問世帶動了不少類似的服務，例如Qwoted。這些信件都是專業記者提出的

問題，他們希望徵求專業人士的解答，協助自己完成手邊的報導。例如，某位記者可能會說：「我在尋找專治燒燙傷病患的整型專家，如果你符合條件，請聯繫我。」這可是千載難逢的機會，我們就親眼見證不少領導者透過這類服務，替自己爭取到公關機會。

2. 推出及時內容

我們前面討論過，相較於常綠內容，與時事連結的內容更具影響力。以新聞為主體的內容會如此重要，就是因為它能創造公關機會；這類內容能擴大你對特定主題的涵蓋範圍，數據顯示，當記者需要專家針對突發新聞發表意見時，他們越傾向透過谷歌、推特、HARO、媒體公司 News & Experts 及其他線上資源，來尋找合適的對象。所以，發布新聞劫持類型貼文，就是在擴大自己的涵蓋範圍，主動將媒體吸引到你身邊，而不是苦思如何在每天多達一千封的邀約信中脫穎而出。

此外，推出及時內容也能幫助你與媒體人物建立關係。

3. 讓媒體可以輕易聯繫到你

前面說過，如果你有個人網站，一定要增設媒體版塊。假設沒有，那你就要好好確認搜尋自己的姓名時會出現哪些頁面。對大部分專家來說，搜尋姓名通常都會導向所屬公司網站的個人頁面。如果是這樣，請確認頁面上的聯繫資訊都已經更新至最新。如果記者發現自己必須克服重重難關才能聯絡到你，他們就會直接去聯繫下一位專家。

4. 別疏於打理社交媒體平臺

媒體人或讀者最不想看到的，就是好幾個月都沒更新的社群媒體平臺。如果你不打算持續更新有價值的內容，那就不要開通臉書或推特。若你手邊有荒廢已久的社群媒體，我們建議你先將帳號停用。

5. 要有主見

你可能會覺得每個人都有主見，但事實並非如此。許多專家喜歡保持中立，但這種態度既不能勾起正反雙方的興趣，也無法讓他們分享你發的內容。若你能寫出發人省思的文章，進而促使讀者與朋友分享，你的內容被記者看見的機率就會大幅提升。不過，雖然人們不喜歡和沒立場的人互動，也不要刻意發表一些極具爭議性的言論。

接下來，我們會回答一些眾人對公關常有的疑問。

第一個問題是：我需要聘請公關負責人嗎？聘請流程是什麼？

在今天的大環境之下，聘請公關負責人並非創造優質公關的唯一途徑。話雖如此，優秀的公關負責人依舊可以為你創造三種價值：

1. **媒體關係**：在媒體人眼中，優秀的公關負責人可以幫他們篩選內容，所以他們更願意接聽對方打來的電話、點開對方寄來的郵件。
2. **替你留意有價值的機會**：假設你沒有時間，或是時間太寶貴、無法花在推式策略上，公關負責人可以替你分憂解勞。
3. **知道該抓住哪些機會**：現在是微媒體的天下，所有人都能製作 Podcast，而鑑別節目價值的能力非常有用。在決定自己該關注哪些微媒體時，公關負責人可以提供一些建議。

好的公關負責人可以帶來眾多優勢，但市場上也有許多索價不菲又毫無產值的江湖郎中。無論你是打算與富比士出版社合作，或是相中其他公關公司，在簽約前一定要留意以下幾點：

- **對方有沒有先做功課？**你問對方多少問題，對方就該回敬你多少問題。如果一名公關負責人沒有事先調查過你的背景、目標、想傳達的訊息，就急著提出合作，那對方很可能就是個半吊子。

- **在你的垂直領域中有沒有拿得出手的成績？**多數公關負責人都會吹噓自己跟許多品牌媒體交情匪淺，我們可以告訴你一個絕佳的驗證方式：檢視自身垂直領域中的高價值微媒體，看看這位公關負責人是否真的預約過這些微媒體的檔期。也就是說，他們預約過哪些你（或是你的客戶）確實有在收看的 Podcast、部落格或電子報？
- **他們會對結果負責嗎？**有沒有辦法要求對方對活動結果負責？

第二個常見問題是：公關與媒體的投資報酬率是多少？

關於公關與媒體，我們最後還有一點想和你分享，就是我們現在可以利用科技輕鬆追蹤受眾。反觀過去，企業總是會追問公關負責人：「投資報酬率是多少？我怎麼知道你安排的訪談一定能帶來客戶？」

這種問題一直讓公關公司難以招架，但現在我們可以利用資料探勘與分析科技追蹤受眾，明確得知與每則內容互動的人是誰。哪些人透過按讚和評論，與你的文章互動？哪些人分享了你的文章？哪些人發文提及你的文章？有多少人被這篇文章帶到你的網站？我們知道，要確定客戶是被哪場媒體採訪帶來的很難，但只要用對行銷漏斗，這並非不可能的事，所以請花點時間建立成果追蹤系統。

然而，誠如我們之前所說，公關與媒體最重要的價值，不在於立刻帶來客戶流，而是創造連動關係，讓你與公司沈浸在媒體管道的權威中，而優質公關負責人的工作則是幫你和對的媒體牽線。

建立你自己的演講者品牌

發表完主題演講後，臺下響起如雷的掌聲，那一刻的你感覺自己就像個權威人士。然而，成功的演講固然能帶來成就感，但演講最重要的影響，是在接下來幾小時、幾天、幾個星期內，將聽眾轉換成顧客、推薦群體與粉絲。

如果在專家眼中，公關與媒體是建立權威的重中之重（第一名依舊是出書），主題演講一定緊隨其後。你不僅可以透過演講賺進可觀收入，還能藉機在幕後推銷產品、開發客戶、激起受眾的興趣、拉攏其他人的顧客，讓他們成為你的客戶，所以，演講便成了眾人趨之若鶩的贏得媒體。

布倫南這樣子描述演講：

當眾人看到我站在臺上的模樣，即便只是照片，腦中便接收到下列訊息：「大家都說布倫南是思維領袖，她現在正臺上發表演說，不知道她對我碰上的問題有什麼看法？」這種權威與不可言傳的訊息，都在告訴你：「這個人不是在瞎掰。」代表這個人值得信任，不是在跟我推銷什麼產品。

公開演講是多數人最害怕的事，卻也是商業領導者最想掌握的技能，這兩種涇渭分明的現象確實耐人尋味。

敢於登臺或許是讓演說大獲成功的關鍵要素，但只是成為優秀演講者的三步驟之一。成為優秀演講者的三步驟如下：一、建立品牌；二、登臺演講；三、善用每次演講機會。我們會深入探討每一個步驟，希望你在建立權威的過程中，仔細看看自己需要特別注意哪個部分。

首先，第一步是建立品牌。

想想看，在你心目中，擁有優秀個人品牌的主題演講者是誰？你的名單中可能會有安東尼．羅賓、莎莉．霍格茲海德、約翰．麥斯威爾（John Maxwell）等人。上述幾位人才都天賦異稟、辯才無礙，而且都是透過創造權威效應、加速自身成長的前輩。如果你想得到更多演講機會，可以追隨這幾位楷模的步伐。

許多事業有成的商界人士都想發表更多公開演講，不知為何卻總是等不到機會。很多時候，問題不是出在不敢登臺演講，而是他們未能在網路上將自己定位成演講者，反而是理財規畫師、律師或企業主。因此，會議籌辦人只會將他們視為賣家或潛在贊助者，根本不會認為對方是講者。

所以到頭來，一切都與品牌建立有關。

這就是我們鼓勵大家架設獨立個人網站，並將自己標榜為權威人士的原因，因為在自己的網站上，你可以是懷抱使命的思維領導者、作者、演講者或媒體名人；你在企業網站的頭銜可能是執行長，但只要按照我們的建議去經營個人網站，就能建立截然不同的品牌，對於正在尋覓演講機會的人來說格外重要。

假設你知道富比士出版社正在規畫活動，於是毛遂自薦，向我們表達想登臺演講的意願，並附上你在企業網站的個人履歷連結，我們只會把你的資料轉交給贊助部門，看能不能說服你買個攤位，或一張午餐交流會（lunch and learn）的門票。

但如果我們點開連結後，進入的是你的個人網站，且網站內容與演講有關，甚至發現你是一名作者，而且除了照片外，也能欣賞你發表主題演講的影片，我們的看法就會有所改變。現在換我們開始考慮預算夠不夠支付你的出場費，擔心你還會要求五星級住宿。

至於建立演講者品牌的第二階段，與你目前具備的資產有關。首先，你要在個人網站

準備一個演講者資料袋（speaker's kit），請在資料袋中**放入你在臺上演講的視覺素材，並利用書籍推銷自己。**

製作演講者資料袋的目的，不是要讓客戶決定演講主題（主題應該在前置電話會議中討論，或和客戶的演講部門協調），而是讓對方知道你曾在大型舞臺上發表過主題演講，還獲得各界好評。

證明自己的能力相當重要，因為考慮和你預定演講檔期的人最害怕的，就是你實際到場後，卻無法在一大群聽眾面前講話；所以，**越能降低對方的恐懼感，接到案子的機率就越高。**

理想的演講者資料袋應該包含：

- 個人履歷（聚焦於演講者身分）。
- 相關活動與媒體商標。
- 三到五項你熟悉的主題。
- 聽眾對你的演講內容發表過的感想。
- 詳列你曾在哪些會議上登臺演說過（如果有的話）。

其次，請製作一支宣傳短片（sizzle reel）推銷自己，影片長度約二到四分鐘，內容是你在不同場合發表演講的片段合輯。宣傳短片除了要有演講畫面，還要盡可能利用商標、代言及其他能贏得觀眾信任的視覺元素，呈現連動優勢。

第三項必備的資產，就是一支十到二十分鐘的未剪輯演講影片。現在有越來越多活動策劃人要求演講者出示這類影片，才能不被華麗的圖像和快步調的剪輯干擾，直接看出你是否具備登臺演說的能力。真正能說服他們的往往不是經過大量編輯、讓演講者看起來光鮮亮麗的影片，而是那些原汁原味的二十分鐘長片，因為你的演講能力在裡面一目了然。他們或許會向董事會或高層展示你的演講者資料袋或宣傳短片，但前提是，你得先用真材實料的影片說服他們。

對想建立演講者品牌的商業領袖來說，累積這三項資產會是不錯的開始。

現在，你已經知道如何獲得更多演講機會，接下來，我們會回答領導者最常提出的兩個問題：「我該收費嗎？」、「我該在哪些場合演講？」

大多數演講者剛開始都不收費，這樣不僅可以累積經驗，也能堆疊剛剛討論到的視覺資產。他們可以錄下自己演講的影像，也可以拍相關照片。除此之外，也**可以藉此獲得其他演講機會——這些機會往往都來自參加過你上一場演講的聽眾**，也就是說，免費演講可以刺激受眾，還能轉化成額外的演講邀約。

一個人演講的次數越多，便能累積越多權威，因此也有權利決定演講的場合與背景。擁有足夠的權威後，演講者便可以開始收費。但如果碰上聽眾都是達官貴人的會議，我們建議你還是不要收費比較好，因為你可以藉由此次登臺，獲得更高的價值。如果聽眾席內有許多潛在客戶，我們也建議你比照辦理。

假設你已經是權威極高的演講者，當你知道聽眾內只要有幾個人成為你的客戶，你就可以賺到五萬美元，那這場免費演講的投資報酬率是不是更高？但首先，你必須將事業發展到一定的高度，才能擁有決定權。

接下來，我們會告訴你應該在哪裡演講。基本上，分成現場和線上兩種。在你熟悉的地方現場演講很簡單，但如果演講場地是在海外，你就要做好當空中飛人的準備。

當一場演講的聽眾都由高價值客戶群體組成時，這次活動便能為你創造最大的價值。這類會議可能並非最熱門、最隆重，甚至沒有什麼社群媒體願意分享，但**只要與會人員中，有二到四成的人是你的潛在客戶**，**那就足夠了**。只要你能拿下這批目標受眾內的一小部分人，帶來的利益就遠勝於在上千名不可能是顧客的人面前演講。千萬要記得這句話：利基市場才是財富之源。

如果你參加的是現場活動，就要考慮一下時間問題，看看時間和資源的投資報酬率是否值得；如果是大型現場活動，千萬別忘記拍照！參加大型活動，並在布景精緻的舞臺上發表演講，最後卻一張照片都沒拍，無疑是讓機會白白溜走。而且，不要把拍照的任務委託給家人，花一些小錢（約五百美元）聘請專業的攝影師，這類照片對你的網站和演講履歷有益無害。

關於演講，還有最後一個重點：絕大多數的演講都屬於贏得媒體。所以，你要謹記下面兩件事：一、把好的內容傳遞給聽眾，在臺上交出完美的演出，這點應該不用多說；二、盡可能將聽眾導向你的主場（自有媒體）。

一場演講的勝敗，取決於開頭兩分鐘

第二步與大多數人最大的恐懼有關——登臺演講。別忘記，即便是最有活力的大型舞臺演講者，他們一開始也對上臺感到畏懼。

我（謝爾頓）算不上是一流演講者，真正頂尖的講者是我們之前提到的幾位，但我對這種內心恐懼絕對能感同身受，特別是在我接下來要提到的故事當中。

當時我才二十三歲，還住在德州奧斯汀，職業是公關負責人。某天，我收到團隊成員史提夫．摩斯（Steve Morse）的電子郵件。摩斯那陣子一直嘗試接洽波士頓地區某健康期刊，最後對方的編輯希爾佛醫師（Dr. Silver）告訴摩斯，她正在位為哈佛醫學院籌辦醫學進修教育（continuing medical education，簡稱ＣＭＥ）會議，討論與出版相關的議題，而現在需要一名優秀的公關負責人，以公關為主題發表演講。

她與我們公司合作過幾次，想知道有沒有人能勝任這份工作。拿到對方的聯絡資訊後，摩斯就向公司所有員工發送郵件，看有沒有人想聯絡她、討論演講事宜。

我當時也沒多想，便拿起電話打給希爾佛醫師，告訴她我很樂意飛到波士頓發表演說，順便和她分享我的想法；不過，雖然我確實有很多想法，卻沒有半點演講經驗可以分享。

我知道對方可能不想聘請沒經驗的演講者，便告訴她我年紀雖然不大，卻擁有豐富的專業知識。我沒講的是，我認為我還有另一項優勢，就是二十三歲的我長了一張四十二歲的臉；我暗自祈禱她不會問到我的年齡，怕她因為我太年輕而換人。幸運的是，她完全沒問，雙方也相談甚歡，於是我便在二〇〇五年以課程教師的身分，飛往波士頓參加會議。

時間快轉到幾個月後，我在演講前一晚走進費爾蒙科普利廣場飯店（Fairmont Copley Plaza）的晚宴廳。在登記櫃檯領完名牌後，我便去向希爾佛醫師自我介紹。

那時她正在和另一人說話，當她轉過頭時，我說：「你好，我是魯斯蒂．謝爾頓，很高興見到你。」她露出一副見到鬼的表情，說道：「哇，你比我想像的還年輕。」

我知道隔天我登臺演講時，她心裡其實緊張得要死，那時我也很焦慮。當她介紹我上臺，並把麥克風遞給我後，我感覺自己都要昏倒了。值得慶幸的是，那天我在臺上驗證了在大學學到的名言：戰勝緊張的法寶，就是充分的準備。我已經對著辦公室的牆壁練習整整一個月，憑著肌肉記憶，我完成了人生中最重要的一次演講。

練習的重要性不可言喻，但根據我們舉辦過的上百堂演講訓練課程，練習不過是登臺演說的起點罷了。以下是更多你用得到的建議：

1. 拿下開頭兩分鐘

演講的成敗，在開始的兩分鐘內就已經決定了，如果開場做得好，接下來聽眾就會全神貫注聽完你的演講。要是在開頭抓不住聽眾的注意力，無論接下來的內容有多精彩，他們都會進入放空狀態。

解決之道：用能夠吸引觀眾注意力的內容開頭，而且要練得滾瓜爛熟。理想的開場白應是下列兩者之一：一、極度感性或極度有趣的故事；二、反直覺或令眾人意想不到的情境數據分析。

2. 不要讓人發現你出包

這是許多新手的通病，簡報投影片故障、發現投影片寫錯字，又或是講到一半突然嗆到，每次發生這種情況我們總會覺得聽眾一定察覺到了，所以非得提出來不可。

如果你會這麼想，你果然還是太嫩了。

身為主題演講者，你的任務是為聽眾創造價值，但是，當講者刻意提出自己犯的錯誤時，無論這個錯誤對演講者來說有多嚴重，都會令聽眾分心，無法聚焦在內容上。誠如我們所言，這種錯誤是新手的通病，而且有太多演講者都改不掉這個習慣。以下是我們近期聽到演講者在犯錯時說過的話：

「抱歉，我今天不知道是怎麼了，特別緊張。」

「抱歉，因為上一位講者拖到了一點時間，所以我講得有點快。」

「前排這位朋友咳嗽咳得蠻嚴重，要喝點水嗎？」

「燈光有點刺眼，搞得有點像審訊現場，可以稍微調暗一點嗎？」

「我們今天早上才測試過視聽設備，但投影片還是故障了，好煩啊。」

「你們不覺得很熱嗎？」

解決之道：上述其實全都是演講者自己、而非聽眾的問題。大多時候只要你不提，大家根本不會發現。當你突顯這些問題，就等同要求聽眾不要注意你的演講內容，轉去聚焦在問題上，導致雙方皆輸。所以，請你無論如何都要帶著自信與毅力完成演講。

3. 觀看自己的演講影片

欣賞自己的演講影片，聽起來像自大狂會做的事，我（謝爾頓）一開始也是這樣想的，所以都會跳過這個步驟，繼續用自己的風格向聽眾傳達我認為優質的內容。

我第一次觀看自己的演講影片，是在二十五歲那年，聽眾是德州作家聯盟（Writers League of Texas），場合是他們每月定期舉辦的教育活動。奧斯汀市當地電視臺決定錄下我的演講，我當時認為我講得相當精彩，還覺得這是我個人事業的一大突破；兩個月後，我和太太佩姬在週三晚間九點鐘坐在沙發上，準備欣賞我的演講。

我永遠都不會忘記自己有多丟臉，幾乎全程都掩著嘴撐過這不堪入目的四十五分鐘，佩姬則在一旁嘲笑我的反應。

我在臺上做出太多無意識的動作，舉例來說，每當我在表達自己的觀點時，都會把右手五指攤開，不停向下拍打，就像在彈奏鋼琴一樣。我就這樣在臺上，像個鋼琴師一樣敲了四十五分鐘的琴鍵（至少有一百下），我想臺下的聽眾一定全都看傻了眼，不曉得我到底在做什麼。

雖然我並不是刻意這麼做，但我的怪癖卻讓聽眾分心，無法聚焦在我的訊息上。不過，想找出這種怪癖的唯一方法，就是觀察自己在高壓環境下會做出什麼行為。

解決之道：錄下每場演講（可以用手機錄就好，因為你沒有要發布這些影片），看看自己是否會做出一些奇怪的行為，就像我在臺上無意識的模仿歌手比利・喬（Billy Joel），或是太常使用某些詞語，例如「然後」。

4. 聚焦在聽眾價值上

演講的重點不在你身上，而是要影響臺下的聽眾。你越有自信，他們會越注意你的內容；你舉的例子與數據與自己越有關，聽眾對演講越有感觸；你越謙遜、越願意展示自己的脆弱面，聽眾就越可能卸下心防，聆聽你的觀點。

解決之道：雖然成為優秀演講者的訣竅有上千種，但只要你聚焦在聽眾價值上，一切都會水到渠成，因為你的態度也會顯得更放鬆。不要太在意自己的外表與聲音，而是要專心傳達價值。只要做到這一點，你的臺風自然也會變得更好。**你做的每場演講，都是在為接下來五場、十場，甚至二十場演講試鏡，因為聽眾會主動為你建立優良的口碑**。所以請聽進我們的建議，讓聽眾在回到團體、組織或會議室後，願意向眾人推薦你，說你是他們近年來看過最活力四射的演講者。

每次登臺，都把聽眾引導至你的網站

最後一步，是善用每一次演講機會。如前面所述，你一定要對每場演講想達成的目標瞭若指掌。

進行收費演講時，你的目標是提供物超所值的內容，你可以將演講帶來的其他商機當成附贈的好康；假如你免費演講的目的是為了販售產品，那除了帶給聽眾超值的內容之外，演講需求的走向也必須略做調整，以確保聽眾在聽完演講後，會想跟你購買更多東西。

無論是收費或免費，有一個目標是相同的，那就是透過高品質的誘因磁鐵，讓聽眾與你產生更多互動。你可以透過下列兩種方法，在演講時利用誘因磁鐵。

首先，你**可以在演講結束時加入行動呼籲**。假設你是《信心密碼》（*The Confidence Code*）一書的作者，並受邀到摩根士丹利的女性領導力會議上發表演講。那麼，你可以考慮在演講結束時插入一張投影片，將聽眾引導到你的網站上，做免費的信心評估測驗（我們會在下一章詳細討論這類策略）：

相信在聽完演講後，應該有不少人想知道自己位於自信光譜的什麼位置。因為有太多人問過這個問題，所以我在網站上提供免費信心評估測驗。這三年來，已經有二十多萬人做過這項測驗，歡迎各位到我們的網站看看。

在收費演講使用這類型行動呼籲的效果卓越，因為聽起來完全不像是在販售產品，你也可以藉此巧妙的與聽眾展開更多互動，並提供價值給他們。

第二種方法是**在上臺前就將測驗連結發給聽眾**，效果可能比第一種方法更好。我想你們應該都知道，活動策劃人一般都會避免將參與者的電子信箱發給演講者，以免你向他們發送推銷信件。但我們當然會希望你能蒐集到越多電子信箱越好，而達成這個目標的最佳方式，就是為你和策劃人創造雙贏情境。

你可以強調自己使用測驗工具是為了讓演講內容更貼近聽眾，霍格茲海德就相當善於利用這種方法。在演講開始之前，她會請會議規畫人將魅力優勢評估表的連結傳給聽眾。魅力優勢評估表是一項收費服務，但可以和出場費一起結算，所以聽眾很樂意在演講開始前花點時間完成評估，因為他們可以免費享受這項服務；接著，霍格茲海德會將從聽眾群體蒐集到的資料，當成投影片的開頭。

她的策略不僅有數據做為基礎，還能貼近聽眾的實際狀況，根本就是規畫師夢寐以求的演講者。與此同時，霍格茲海德還能根據評估表結果，為聽眾提供客製化追蹤服務。

絕大多數會議規畫人都不願意把聽眾信箱清單交給演講者，但只要你的要求能為演講帶來夠大的價值，他們就會間接將名單交到你手上。此外，由於你在演講中使用了現場聽眾的資料，這種個人化的做法也會為你贏得更多粉絲。

接著，我們來看看哈尼什的手法：

每辦一場演說，我們就送出五百本書，此做法可以讓作品本身獲得曝光，若聽眾覺得演講人提出的觀點不錯，也可以重溫相關內容。此外，我們有超過兩百位合作教練，會定期舉辦一日研討會，向潛在客戶傳授企業擴大法的優勢，過程中絕對不會出現狗血的創業辛酸故事。

在所有贏得媒體策略中，我們最喜歡的就是演講。演講不僅讓人獲益良多，也是除了書籍以外，能讓我們有更多機會與受眾互動、影響對方的方式。

除此之外，演講也是帶來穩定、可預期收入的途徑。不要一開始就給自己太大的壓力，去擔心聽眾人數太少、賺到的錢太少，而是要利用每次機會拍攝照片跟影片，努力增加推薦客戶的人數。等哪天你能做到在收費演講中推銷自己，這絕對會成為你建立權威效應的重要途徑。

寫書，瞬間贏得他人的尊重

權威的英文是 authority，開頭的六個字母正好就是 author（作者），因此，權威與寫書的關係可見一斑。

想想看，一名跑者最終極的成就，就是完成一場馬拉松。熱衷於跑步的人不少，有些人每週都會去慢跑幾次，每次大概一到兩英里；這些跑者會在鄰近住家的道路上呼嘯而過，並在跑完幾英里後感到通體舒暢，同時疲憊不堪。對大多數人來說，連續跑二十六．二英里完成一場馬拉松，根本就是不可能的任務，所以不自覺的對跑過馬拉松的人另眼相看。

而寫書與出書也是一樣的道理，你可能每天都會寫點東西（很多人每天都要產出文字），例如電子郵件、日誌或其他商業相關內容，但只要字數超過一千字，大多數人就會覺得自己在跑馬拉松了。完成四、五萬字基本上就和跑二十六．二英里一樣，根本就是不可能的任務。在我們看來，寫信、部落格貼文、電子郵件，就像是在公園裡慢跑，而寫書則是跑馬拉松。

很多人這輩子從沒寫過總字數超過一千字的文章，這也是眾人視寫書為畏途的原因，要他們寫完一整本書，就好像是要他們攀登喜馬拉雅山。由於寫書的工程浩大，所以當你對眾人說自己是一名作者時，他們的內心會立刻留下印象，你也會因為完成這項艱鉅的任務，立刻成為大家尊重的對象。當你說出「我是某書的作者」這句話，聽者會立刻對你肅然起敬。

所以，寫書是創造權威的基本元素，也可以被視為一種增力器（force multiplier）。**寫書可以瞬間贏得他人的尊重，並提升自己在對方心中的可信度，而你的作品也有可能對他們帶來深遠的影響**（前提是他們願意閱讀）。

出版過書籍後，你就會被視為該領域的專家。大家都認為寫書需要豐富的相關知識，身為作者的你，一定比一般人懂更多該領域的知識。

每個人對各類型的主題都有粗淺的認知，但如果你對某件事的知識豐富到可以出一本書，眾人就會認為你是該議題的權威人物；群眾會視你為專家，因為如果你不是專家，怎麼可能出版該主題相關書籍？

書籍之所以是創造權威效應的利器，是因為大家從來都沒將書籍視為行銷工具。書籍具有學術性、和文學有關，是自我教育與啟蒙的工具，沒有人想過書籍可以被用來推銷產品，但事實上，這的確是一種行銷工具。

也就是說，寫書是一種看起來不像自我推銷的行銷手段，你可以透過這項工具獲得權威地位，還能擴大自身影響力。

此外，寫書也等於向世人昭告：你是一名大學教授。由於數百年來已有數不盡的作者被大眾視為權威人士，所以我們今天才能透過運動權威獲得類似的可信度。能創造權威的工具很多，智慧就是其中一種，亞伯特．愛因斯坦（Albert Einstein）之所以會被視為權威，是因為他的聰明才智；史蒂芬．霍金（Stephen Hawking）之所以會成為小說界的代表作家，也是因為他是當代最聰明的作家之一。

寫書會立刻讓人感到你這個人智力超群，因為我們會假設只有夠聰明的人才能寫書，也就是說，寫書會將一個人的身分從學生轉換成老師。

權威是一種純粹的心理感受，當你成為別人眼中的老師，他們就會換上學習的心態，進而創造出一種以信任為基礎的思維轉變。當你告訴別人自己是作者，而且書的主題剛好又讓對方感興趣時，你的影響力就會變大，因為在此時，與你對話的一方已經做好學習的心理準備。

也就是說，他們會把你的話聽進去，也很有可能採納你給的建議。如果你的目的是販售產品，這種心態轉換可以徹底扭轉局勢，因為身為賣家，你必須讓顧客傾聽你的發言、接受你的建議。此時的你是在為對方提供解決方案，而不是在推銷，這種角色轉換會大幅提升你的勝率。

成為作者還能觸發另一個心理感受，那就是社會大眾為書籍賦予的無限價值。**人類為**

書籍打造了一座又一座永恆的神龕（龕音同刊），**大至宏偉的圖書館，小至一般家庭的書架。我們會帶著自豪的心情向人展示自己的藏書，這也是人們會把報紙跟雜誌丟掉，但永遠不會拋下書籍的原因。**

現代人可以在電視上觀賞串流節目、訂閱衛星廣播，為的就是避開自己不想看的媒體，只留下自己想要的。基本上，所有形式的媒體都可以被無視，唯獨書籍不行。請回想一下，你上次丟書是什麼時候的事？假設今天我們收到一本書，但對內容不感興趣，我們會把它轉送給別人或捐給圖書館。把書丟進垃圾桶，會使人產生一種罪惡感，因為人類社會格外重視書籍和作者。

追根溯源，我們之所以這麼重視書籍，其實與猶太—基督教（Judeo-Christian）有關。你知道全球最暢銷的書籍是什麼嗎？答案是《聖經》（*Bible*）。幾乎所有制度性宗教都是根據一本書建立而來，例如穆斯林的《可蘭經》（*Koran*）、耶穌基督後期聖徒教會的《摩門經》（*Book of Mormon*）等。

儘管並非信徒都會跟隨教義行事，但因為大多數人都有宗教背景，所以「書很重要」的概念早已在我們的認知中扎根。所有文化都一套書籍及書籍作者的潛意識信仰系統。

最聰明的行銷人員其實不是銷售專家，他們更像優秀的心理學家。他們深諳一個道理：**銷售的關鍵在於說服，而說服是非理性的，反而與情緒有關。**我們會因為情緒而購買，並在銀貨兩訖後用邏輯包裝行為。

基於以上原因，**創造權威效應的關鍵第一步**（也是建立信任的最短捷徑），**就是寫一本以自身專業為題的書。**

書不僅可以觸發上述所有潛意識心理開關，還能讓你不費吹灰之力就獲得他人的敬重。此外，書也能改變人的思維，使他們對你產生不同看法。有人告訴我們，自從出書後，連家人都對自己另眼相看。

這聽起來可能有點誇張，卻是千真萬確的事實，所有人的心中都會產生相同的反應。即便是已經理解這個道理的我們兩人，在面對書籍作者時依舊會做出相同反應。正因如此，我們才會不斷重申：建立權威效應的第一步就是寫書。傳奇思維領導者哈尼什也同意這個論點，他說：

> 我們喜歡把書視為自己給人的「第一印象」，而個人網站的作用則是提供援助，解決人們在使用我們的工具與技巧時碰上的問題。書就像一張整體的名片，我們的一切努力都是為了推銷自己的書，如今《擴大規模》已經賣出五十萬冊，和另外三本書加起來的銷量高達八十五萬本（含實體書、有聲書與電子書）。

目標讀者，不應該是「所有人」

想知道自己要寫什麼主題，就要先弄清楚自己為何要寫書。寫書的理由有很多，在我們看來，無論哪種理由都合情合理。

有些人將書當成紀念，希望後人能透過書來緬懷自己，心想：「我的子孫要如何了解我這個人？在我離開人世五十年後，公司的員工要如何了解我這個人？」而寫書的另一個理由是教育或影響，大多數權威人士想要的不只是發展事業和賺錢，而是發自內心想教育他人，幫助他們做出更好的決定，進而影響這個世界。知識就是力量，人會因為與世人分享自己的知識而感動。透過分享知識，可以啟蒙他人、改變世界，這當然也是一個寫書的好理由。

還有一些人將寫書當成人生願望清單的項目之一，這種想法當然也沒有錯。據《哈芬登郵報》統計，有八成的美國人都希望自己在死前能出一本書[1]。雖然真正達成這項目標的人少之又少，但不可否認寫書是大眾內心普遍的願望。

我們估計正在閱讀本書的你之所以會想寫書，主要是因為你想讓事業更上一層樓，並透過為自己與公司創造權威效應，來放大自身影響力的強度。只要將自己打造成思維領導者，你和你的公司就會被源源不斷的商機包圍。當然，你的書也可以達成商業以外的其他目標，例如教育，讀者可以透過這本書得知你的工作內容，以及該領域的現狀。此外，書也能成為紀念你的遺產。但我們還是希望出書這件事能為你敲開大門，讓你觸及更多人。

如果你出書的主因是刺激企業成長與擴大自身影響力的強度，我們會建議你在選題時，在魚勾掛上魚兒愛吃、而不是漁夫偏好的餌食。這個建議很簡單，但很多作者就是不願意接受。他們會按照自己的喜好選題，然後靜待願意上鉤的讀者。事實上，作者應該問自己：「目標客戶的燃眉之急是什麼？」找到問題的答案後，再寫一本可以解決這道難題的書。

如果你希望書能成為你的終極行銷工具，那在選題時，你就要迎合有能力、也有意願與你做生意的人，挑選他們感興趣的內容，如果能解決潛在客戶面臨的問題當然更好。總之，**書的主題一定要迎合有能力、也願意為你的公司掏錢的人**。有太多作者在為「大眾」寫書，志向過於遠大，當你問這些作者他們的目標讀者是誰，對方會回答你：「每一個人！大家都應該讀一下我的書，我的書可以造福所有人。」

但事實並非如此，**當你將目標讀者設定為所有人，就代表你沒有目標讀者**。美國人口

1 William Dietrich, "The Writer's Odds of Success," Huffington Post, last modified May 4, 2013, https://www.huffingtonpost.com/william-dietrich/the-writers-odds-of-succe_b_2806611.html.

數為三億兩千萬人，全球有七十億人，你的書絕對不可能滲透進這麼廣大的目標市場。懂行銷的人都知道，想觸及遍布全球的受眾得花上太多錢，根本不切實際，所以你在寫書時一定要抱著正中紅心的態度。當然，我們知道或許所有人都能透過你的書獲益，但如果想用高效的方式成為權威人士，我們建議你先弄清楚能獲得最大益處的群體是誰。

那麼，要怎麼做才能寫完一本書？

雖然有八成以上的美國人說自己想寫書，但只有不到一成的人完成這項任務。原因不在於寫不出好東西（很多優秀的作家終其一生都寫不完一本書），也不是因為缺乏寫作熱忱，很簡單，純粹因為寫書是一項耗時的大工程。正如大多數人沒有時間接受馬拉松訓練一樣，大部分人也沒有時間寫書。你必須獻上大量的時間與精力，才能完成如此艱難的任務，這種承諾會讓許多人崩潰。

我們在南卡羅來納州查爾斯頓市的辦公室裡掛著一則標語，上面寫道：「你要怎樣吃掉一頭大象？」答案很簡單，那就是「一次一口慢慢吃」。俗話說得好，千里之行始於足下，這道理也適用於寫書，重點在於知道自己的第一步該踏向何方。

所以你該如何寫一本屬於自己的書？針對這個問題，我們給出的第一個答案是：或許你根本不用寫書。我們的意思是你無須親自動手，擔任一本書的作者與寫書是不同概念。寫書的定義是坐在電腦前，親手打出一行又一行文字，讓腦中的思緒透過鍵盤躍然呈現於紙上。對很多人來說，寫書是一件極為困難的事。

人們之所以會覺得寫書這麼難，有一部分是因為生活節奏太快，環境中又充斥著各種會使人分心的事物，這個世界似乎就是不允許我們將注意力聚焦在單一一件事情上。在現今的社會，相較於毫不間斷的靜態，所有事情都來得又急又快。我們除了完成每天應盡的責任，還要應付行動裝置、突發新聞，以及各式各樣令人分心的事物。

寫書之所以這麼難，另一個原因是相較於用文字呈現，大多數人更擅長說出自己的想法。他們可以輕鬆的講出自己的故事、熱忱與知識，可是一旦要求他們把這些事情寫下來，並按照順序編排成合理的段落與章節，他們便會感到不知所措，也不知從何下手。

寫作是一種很多人都沒學習過的技能，所以我們建議你和具備相關經驗的人合作，幫你度過這道關卡。

雖然書不是你親自動手寫，但你依舊可以擔任作者。作者是腦中有想法和知識，並願意和眾人分享的人，一本書是由作者的聲音寫成，你負責決定該保留哪些內容，以及該用什麼方式呈現。寫手則可以幫助作者整理稿中的想法，將這些想法轉化成紙上的文字；簡單來說，作者是權威人士，寫手的作用則是將作者的理想化為現實。

如果你不打算親自寫書，我們可以提供幾個可行的做法。**你可以和出版社合作，用口述的方式向專業寫手講完整本書**，當然，你也可以直接花錢請人代筆。無論選擇哪種方式，都必須與人密切合作，這個人會將你的想法、經驗與知識編纂成書，並要求你為內容的正確性負責。我們可以根據自身的經歷告訴你，請人代筆是商界專業人士常用的手法；商界人士時間有限，加上瑣事纏身，所以平均至少得花三年才能寫完一本書。相較之下，與第三方合作，最快只要六個月就能寫完。

假設你決定自己的書自己寫（和過去的我們一樣），那就必須對自己許下承諾，並遵守嚴格的紀律。此外，你還要在腦中規畫出成品的樣貌，包括書的外觀、必須達成的目標、目標受眾是誰，以及你打算幫他們解決什麼問題。我們建議你提前制定計畫，並在月曆上列出進度表，接著全身心投入，將自己每天產值最高的時段留給寫書。

所謂的高產值時段因人而異，早上、下午或晚上都有可能。找出自己的寫作黃金時段（即每天狀態最佳的時段），並將這段時間用於寫書，你能做的就是堅持到底。

出版你寫的書，有三種管道

那麼，完成初稿後該做什麼？告訴你一個好消息，書籍出版流程已經被簡化到前所未見的地步，但還有一個不怎麼好的消息，就是因為出版書籍實在太簡單，所以用正確的方式出版書籍已成為決勝關鍵。幾年前或許你還可以抄一下捷徑，因為那時候大多數讀者都還分不出差別，只要出版過一本書，眾人就會視你為權威人士，但那已經是過去式。

讓我們換個方式思考，假設你生活在一座小城市，你或許是本市最出色的歌手，因為優美的嗓音聞名。但當你搬到納許維爾或奧斯汀，這些城市的專業歌手多如過江之鯽，你可能就會發現自己不如想像般優秀。同樣的道理也適用於寫書，當眾人都無法出版自己的書時，你可能只要交出一本品質達六、七分（滿分十分）的作品就可以過關。但現在出版書籍易如反掌，想成為鶴立雞群的作者，你必須交出品質滿分的作品。

完成書籍初稿，也確信這是一部十分的作品後，你可以選擇三種出版方式：**自行出版**、**透過傳統出版社**[2]**出版**，**或是交由獨立出版社發行**（如富比士出版社）。

自行出版很簡單，總之就是自行處理所有事務。自行出版代表你可以獲得所有利益，也能全權掌控出版流程，但你也必須自行安排一切事宜。自行出版書籍最大的問題就是，有九成的書一看就是由作者出版，而當你聽見有人說「這本書看起來像是自費出版的」，這句話絕對不是在恭維。

2 這邊的傳統出版社，指的是蘭登書屋、哈潑柯林斯（Harper Collins）、西蒙與舒斯特（Simon & Schuster）等大型出版社。

雖說我們不能以貌取書，但事實上，**一本書的封面就是它給人的第一印象**；別忘了前面提過，**品牌建立的第一階段是互動前階段**。

也就是說，你的書必須內外兼具，水準必須要能和美國最大零售連鎖書店巴諾書店（Barnes & Noble）與亞馬遜的推薦書比肩才行。不能抱著「如果封面設計能透露出專業的感覺應該不錯」的心態，請務必讓封面看起來專業。要是你的書看起來不像是會在零售書店販售的產品，那就不要出版，要是你的書在受眾心中創造的形象與你提供的價值不符，那出版也只是弊大於利。

與自行出版相對的是傳統出版，謝爾頓的第一本書就是用這種方式推出，流程令他相當滿意。有些人適合與傳統出版社合作，若你已經小有名氣，或是早就建立起廣為人知的品牌，或許可以考慮與傳統出版社合作。同樣的，如果你並非初出茅廬的作者，也知道自己的新作將備受關注，那麼繼續與傳統出版社合作也是合情合理。

然而，由於傳統出版社數量日益遞減，多數倖存公司也選擇提高接受稿件的標準，所以傳統出版對大多數人來說似乎窒礙難行。每位作者都希望經紀人可以為自己弄到一紙合約，並談妥十萬美元的預付版稅。接著，出版社會發行自己的書籍，並舉辦各種宣傳與行銷活動，替自己賺進大把鈔票。他們要做的，就是坐在家裡悠閒的等版稅支票送上門。

不過，上述文字純屬幻想，這種情節只會發生在極少數作者身上。

《紐約時報》年度非小說類暢銷書中，很大一部分都出自暢銷書作者之手，要不就是常年榜上有名的作者新作。

成為暢銷書作者的機率低得可憐，作者只有大紅大紫與名不見經傳這兩種結局。能拿到天價合約的作者，通常都是在文壇赫赫有名、將自身品牌與平臺經營得有聲有色的人物。況且，即便你擠進了傳統出版社的窄門，仍得考慮下列三項現實面：

1. 傳統出版社的出版流程平均為十二個月至十八個月，所以你除了要有無比的耐心以外，**還要確保你想傳達的訊息不具時效性**。
2. 書籍的版權在合約期限內歸出版社所有，你將無法任意使用書籍本身或書中的任何內容。
3. 你要思考出版社願意提供多少宣傳資源，他們或許會將你的書賣至實體書店，但很有可能會要求你攬下大部分行銷工作。新書需要宣傳才賣得動，除非是特殊個案，否則傳統出版社不會在市場沒有需求的情況下，為你的書編列行銷預算。事實上，他們之所以會買下你的書，很有可能就是看中你的平臺宣傳能力！

我們與許多傳統出版社合作過，大多數都相當出色（包括為謝爾頓發行第一本書的出版社 Berrett-Koehler），然而，誠如前面所述，傳統出版並不一定適合所有人。

第三種方式則是獨立出版，與獨立出版社合作，對方將承攬書籍的發行與行銷工作。由這類公司製作與出版的書籍，無論是外觀或內容都和巴諾書店架上販售的產品一模一樣。等新書上架後，他們還會協助你運用新書刺激業績，以達到盈利的目的，而這也是多數商界人士出書的目標。為了實現這個目標，我們會建議你選擇與企業執行長和創業人士合作過、和對方一起建立、推廣權威地位的獨立出版社。

如果你選擇獨立出版，那就必須了解銷量並非獨立出版的主要目標。當然，也有個別作者會賣出漂亮的數字，但大多數作者的銷售數字都平淡無奇。假設你正在與某獨立出版商洽談，對方卻不斷向你保證銷量，或暗示你的書一定會大賣，那你就要慎重考慮是否要與對方合作。當然，這也不代表你無法靠自己的書賺錢，只是方式與一般人想像中的「靠寫書賺錢」不一樣而已。

安蒂．賽門博士對此深有感觸，她表示，自己就是透過出書才接觸到新的客戶群體：

我第一本獲獎的書《臨界點》（*On the Brink*）出版於二〇一六年，書中記錄了我與八名事業陷入僵局的客戶的故事。這本書不僅證明了我的能力，也讓眾人看見與我合作帶來的正面結果。

二〇二一年，我出版了第二本獲獎作品《反思》（*Rethinks*），內容講述十一名成功女性的故事。《反思》也推進了我自己的人生故事，我相當熱衷於拓展自己的工作範疇，去幫助女性解決職場難題、協助她們在工作與生活間取得平衡，並開創屬於自己的事業。《反思》為我提供了新的演講主題，也讓我主持了兩場以反思女性為題的線上高峰會。

我之所以會寫這兩本書，都是為了分享自己這些年來帶領他人擁抱改變的故事，而這兩部作品也帶來了巨大的影響。在《臨界點》出版三年後，我受邀到墨西哥舉辦研討會並登臺演講。很多客戶來找我時手中都拿著一本《臨界點》，他們想知道我能不能像幫助書中主角那樣幫助他們。

真正厲害的獨立出版社都了解一個道理：**對權威人士來說，賣書只是書籍盈利的方式之一**。事實上，賣書甚至可以說是最低階的盈利方式。

好的獨立出版社會教你如何將書籍變成行銷工具，並利用它賦予你的權威刺激業績。出書是利用媒體、開發客戶的墊腳石，只要方向對了，就能為你創造競爭者尚未具備的優勢；若操作得當，就是一種投資，可以帶來指數成長的回報，但前提是，你必須清楚自己想達成什麼目標。

總的來說，贏得媒體（如獎項、媒體報導、演講）最大的價值，在於他們可以不斷被再次行銷。如果能讓有分量的人對你美言幾句，即便是對所有人事物都抱持懷疑態度的受眾，也會對你改觀。看見自己欣賞的品牌願意相信你、為你背書，他們就更樂意與你合作，並將你和其他競爭者區分開來，因為他們信任的人已經確認過，你就是該領域的專家。

第十二章

自有媒體，投資報酬率最高

我們之所以喜歡用不動產的概念來理解新媒體環境，是因為不動產完美總結了三類媒體的價值主張（value proposition）。

我們在贏得或付費媒體上觸及受眾時，由於平臺是他人的不動產，所以優勢全都掌握在對方手中；你必須獲得對方的許可才能觸及受眾，並透過付費（打廣告）、遵守平臺規則（張貼社群媒體貼文），或是收到對方的邀請（經營公關、受邀參加演講或活動）才能和受眾溝通。

但在自有媒體上，如個人網站、電子郵件清單、實體郵寄清單與辦公室空間等，你根本不用擔心這些事情，因為你可以徹底掌控自己與受眾間的連結。

在屬於你的媒體上，所有規則由你說了算，可以決定媒體的樣貌、想傳達的訊息、個人風格，還有你與受眾建立關係、維護關係，以及將關係轉換為行動的方式。

想制定一套優秀的自有媒體策略，你要放下行銷人員的思維，換上媒體思維。媒體管道最關心的就是受眾的注意力，說得更具體一點，他們會竭盡所能，不斷爭取並留住受眾的注意力。你在經營自有媒體時，也應該如法炮製，我們會教你如何一步步達成目標。

我們之前就已經討論過，新媒體環境最大的改變，就是群眾已不再關注一般大型媒體管道，反而逐漸將目光投向權威人士創立的微媒體，因為他們認為這些媒體更值得信任、更跟得上潮流，通常也更具娛樂性，所以能產出更多價值。

促成這種轉變的主要原因有兩個：

1. 無論是左派或右派，眾人都開始質疑主流媒體傳遞資訊的動機與角度，民眾已不再信任主流媒體。
2. 由於一般大型媒體管道提供的小眾資訊遠不及微媒體多，導致人們即便花了大量時間在一般大型媒體管道上，也只能獲得極低的投資報酬率。

上述兩種現象對你來說都是好消息，因為你的受眾會漸漸拋棄主流媒體，轉而向你靠攏。我們希望這條消息能讓你變得更有信心。

前面花了很長的篇幅討論如何建構以任務為導向的個人網站，以及哪種內容策略的效果最好。接下來，我們將教你如何累積自有媒體上的受眾。

每個人都有三種受眾：付費觀眾、狂歡者、未來粉

打造自有媒體策略的第一步，就是了解每間企業都具備的三類受眾。首先，請發揮想

圖表 12-1　每間企業都具備的三類受眾

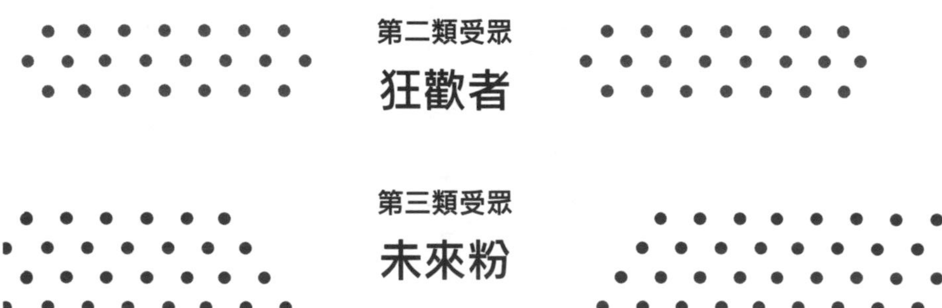

像力，將自有媒體受眾想像成專屬於自己的「權威體育館」（Authority Stadium）。因為我們都是體育迷，所以喜歡用相關概念比喻建立權威的流程，還請多多包涵。

請參考圖表12-1，想像體育館內坐滿了付費買票的觀眾，場外還有一大群開車尾派對的狂歡者（tailgaters）[1]，大家交流寒暄，好不愉快。坐在體育館內的人就是你的客戶，在外面開車尾派對的人則是你的潛在客戶（郵寄清單上的人，或是已經追蹤你、但還沒購買服務的人）。

接下來，我們會詳細介紹這兩類群體，但在這之前，還有另一個你必須注意的受眾群體，就是你未來的粉絲。

這類人也是目標受眾，只是他們現在完全不知道你是誰；如果把正在欣賞比賽的受眾視為一個圈子，「未來粉」就是還沒加入這個圈子的局外人。

接下來，我們將逐一介紹這三種類型的受眾，你可以拿出一張紙，記錄自己的付費觀眾、狂歡者與未來粉各有多少人。

---

1 發源於美國的派對活動，通常在體育比賽的停車場，人們會打開皮卡的後擋板或汽車的後車廂蓋、擺開摺疊桌椅、共享食物和飲料。

1. 第一類受眾：付費觀眾

這類受眾包括你的現有客戶、戰略夥伴與隊友，這些人已經被轉換成你想達成的結果。你在為自己創造權威效應時設定的目標，可能包括：吸引與留住客戶／人才、預約演講、捐款給你支持的非營利組織、賣書……。

和現實生活中的體育館一樣，付費觀眾在欣賞你的比賽時也是要按「區」入座（有些區域的票價比較高）。我們希望你按照特定類別，將付費觀眾分配進不同區域，並明確記錄每一區坐了多少人。舉例來說，假設你做過十二場付費演講，那麼付費演講區至少會有十二個人。如果你有三百名付費客戶，就把這些人統統安排進客戶區，依此類推。

統計各區人數，看看你一共有幾名付費觀眾。你最希望拓展哪一區的觀眾人數？

2. 第二類受眾：狂歡者

這類受眾群體位於體育館外，包括電子郵件清單或實體郵寄清單上的每一個人，也就是你能「掌握」彼此連結的人，他們還沒下定決心在你身上花錢、接受你提出的工作邀約、邀請你前來演講，或是被轉換成你預期的結果。

也就是說，他們的確是你的粉絲，也有可能為你加油打氣，但現階段還未能被轉換成體育館的付費觀眾。即便如此，他們仍在觀察你，所以你還是有機會培養此受眾群體，讓他們採取下一步行動。你只是還沒與對方建立足夠的親和感，讓他們走向售票櫃檯。

檢視清單上的名字，看看還沒與你交易過的人有哪些。你的狂歡者一共有多少人？

3. 第三類受眾：未來粉

此受眾群體散落在體育館以外的地方，包含你的目標客群的所有人。未來粉只要願意和你共事，或是能接受到你的訊息，都能因而受益，但問題是他們現在完全不知道你是誰。

根據我們的經驗，大多數行銷或廣告公司會把工作重心放在盡可能觸及大量未來粉上，並將對方導向你的主場，例如個人網站。此時，這些人只有兩個選項，第一是立刻成為付費觀眾，向你購買產品或預約一些高接觸（high-touch）服務，如免費諮詢；假設還沒準備好與你互動，那他們的第二個選項就是點擊右上角的叉叉，立刻逃離你的主場。

換句話說，由於車尾派對根本不存在，所以你固然無法和這群潛在顧客、團隊成員或目標市場有進一步互動。所謂個人網站，也不過是一本虛擬宣傳手冊，訪客有興趣的話可以和你購買產品、預約見面，但如果他們興趣缺缺，除了離開網頁，似乎也沒有其他能做的事。

但你都已經花了這麼大的力氣，將他們帶到體育館了，你難道不覺得自己該為未來粉提供更多選項嗎？

剛剛提到「宣傳手冊網站」的比喻，用來代表非常平凡無奇的個人網站：頁籤包括使命宣言、關於我們、服務、聯絡頁面等，與大多數網頁雷同。瀏覽這類網站是一種靜態、缺乏互動的體驗，所以我們才會說這種網站和宣傳手冊沒什麼差別。

請回想上回你收到宣傳手冊的情景，你可能會隨意看一下內容，也有可能認為手冊設計得相當精美。但如果手冊提供的資訊無法刺激你做出下一步行動，那你很有可能就會把注意力轉向別處，將其丟進垃圾桶，最後徹底忘記它的存在。

同理，假設你的網站也被設計得像一本線上宣傳手冊，那當訪客因為想買東西或聯絡你而瀏覽你的網站時，你只能將其中極少數人轉換成顧客。絕大多數訪客都會選擇關閉頁籤，或是直接回到上一頁，並像丟掉宣傳手冊一樣拋棄你的網站。

大多數廣告宣傳、公關活動和行銷預算之所以會付諸流水，就是因為這種策略與行銷心態。你可能聘請了最頂尖的公關公司，或是透過臉書廣告活動賺進了大量點擊率，讓眾人蜂擁進入自己的體育館。

然而，如果你的個人網站看起來像宣傳手冊，而上面唯一的行動呼籲是「購買產品」，或是「聯繫我們」以取得更多資訊、安排免費會面，這種策略無異於要求一個不感興趣的客戶，在與你建立親和感前先買票入場，自然沒有多少人會買單。

與其急著立刻把票賣出去，你應該給對方一個理由，讓他們加入車尾派對與你互動。

畢竟，在你的「停車場」與眾人同樂不需要綁定義務。在這個人人都抱持懷疑態度的新媒體環境中，要未來粉瞬間成為付費觀眾，機率太低，他們更有可能一次一步、慢慢邁向售票亭。

當你透過媒體採訪、社群媒體貼文或其他形式觸及到未來粉時，會遇到的對象分成下列三種：第一種是本來就做好立刻購買產品或服務的打算的人，不過，只有極少數的人屬於這類，在大多數宣傳活動中都遠低於一%；第二種人會因好奇而想了解更多資訊，但還不確定你或你的產品是不是他們想要的東西；最後，第三種就是完全不感興趣的人。

當你抱著販售產品的心態去推銷，只能轉換第一種情況的未來粉，也就是本來就準備購買產品的人。這種策略聚焦於給對方留下印象，並催促對方立刻花錢、詢問更多資訊，所以只對那些本來就打算立刻買點什麼的人有價值。

轉換未來粉是相當重要的一件事，可以為想開發更多客戶、刺激業績成長的人帶來商機。多年來，行銷一直聚焦在立即轉換（immediate conversions），也就是發出X本宣傳手冊應該要換來Y通詢問電話、X通開發電話應該帶來Y名客戶、X元的廣告預算應該創造Y元的投資報酬率。然而，這些傳統的客戶開發技巧也會受限於一個因素——你只能靠運氣轉換那些當天碰巧想購買產品的人。

傳統策略無法培養出對你專精的領域感興趣、卻不打算今天就被轉換的少數人；這就是你明明投資了大量金錢和時間開發客戶，最後卻只能產出少量價值的原因。

相較之下，現代媒體思維除了可以轉換原本就有意願購買的人，還能透過互利的方式，向未來粉提供價值和學習的機會，藉此延續雙方的互動。如此一來，你就有機會與對方培養關係，慢慢建立親和感，最後將他們引導至你的主場，走進VIP付費觀眾區，和其他客戶坐在一起。

你的主場裡現在有多少人？在外頭開車尾派對的人又有多少？是幾百人、還是幾千人？如果你統計過人數後，仍覺得自己的受眾群體人數太少，我們完全可以理解。但不要忘了，球隊不會只在自己的體育館比賽，他們也會到其他球隊的主場，所以對方的受眾也有機會一睹你的球技。抱著這種想法，我們就可以進階到媒體思維的下一個步驟。

其實，在舉辦行銷或推銷活動時，無論是臉書廣告宣傳、電臺廣告、全國公共廣播電臺採訪或演講，你都會在別人的不動產上，間接觸及到一批受眾。舉例來說，假設你為Forbes.com寫了一篇文章，你可以想像自己站在富比士名下的超大體育館舞臺上，觀眾席坐滿了數以千萬計的每月訪客。

當富比士發表你的文章時，他們不僅默認了你是個值得信賴的人，同時也讓出了球場的一小部分，給你發揮。透過這篇文章，你可以達成兩項目標：一、交出優質內容；二、說服讀者離開富比士體育館，到你的體育館看看，也就是將對方導向你的網站或行動呼籲。

在登臺演講、接受訪談或為他人撰文時，大多數人都只聚焦於第一個目標：交出優質內容。當然，這是最基本的，但開發客戶的策略不該止步於此。如果你只是和大多數人一樣，在對方的網站上留下個人履歷，並鼓勵大家到你的個人網站上「了解更多詳情」，那可能真的會有一些人造訪你的網站；然而，大部分人不可能輕易離開自己的座位，因為你並沒有給他們充分的理由，讓他們願意「大老遠」造訪你的主場。

我們希望你可以打造一個漏斗，給身處富比士體育館的受眾一個明確、有價值的理由，說服他們和你一起前往你那邊參加車尾派對。一般來說，他們的第一站會是你的個人網站，而這就是所謂的誘因磁鐵，你搞不好早就已經在使用這種策略，拓展自有媒體訂閱群體。

爭取猶豫不決的客戶

漏斗近年來成了最熱門的行銷手段，所有人開口閉口都離不開這個詞，但真正懂漏斗、有能力打造高階漏斗的人，僅是鳳毛麟角。此外，雖然漏斗是當前熱門的概念，但根據我們的經驗，典型的銷售漏斗過度著重於交易型銷售，反而忽略打造長期關係的重要性，但這正是絕大多數權威人士想達成的目標。因此，我們更傾向將漏斗想像成一趟策略行銷旅程（strategic marketing journey）。

所以，策略行銷旅程是什麼？

簡單來說，就是潛在顧客在實際與你交易前經歷的旅程。首先，你必須親手打造、測試、重新打造、重新測試一套系統，直到它能產出可預測、高品質的投資報酬率，接著再用這套系統去推動旅程。雖然大多數策略行銷旅程都是數位行銷和客戶開發工具，但也有一些旅程的唯一目的是透過教育受眾來創造影響力。

策略行銷旅程（無論是在現實生活中或是網路上）有五大關鍵步驟：一、注意；二、誘因磁鐵；三、獲取資訊；四、培養；五、銷售或再培養。

並非所有和你交易的客戶都必須經歷這五個步驟，一些客戶（無論是潛在應試者或消費者）可能會在注意到你之後，就直接跳到第五步，只因為你夠幸運，在對的日子或對方心情好時接觸到他們。但這只是個例，並非通則，所以制定策略時，不可以刻意迎合這種低機率事件。你應該將這類型快速轉換視為錦上添花，而不將其當成行銷轉換策略的核心。

接下來，**讓我們將目光轉移到打造策略行銷旅程的各個階段。**

1. 第一階段：注意

策略行銷旅程的第一階段，是讓還不認識你的目標市場注意到你，不少人認為這就是行銷策略的重點。要做到這點，可以透過下列方式：打廣告、社群媒體、直接郵寄、公關活動、舉辦活動、演講、人脈。

讓目標受眾注意到你的最佳方式，就是在他們看重、關注的媒體上為他們提供價值。越是注意這些媒體管道，他們會越快走完你精心安排的旅程。

再次提醒，若你想在自己設計的旅程中開發客戶，就必須拋下行銷思維，換上媒體思維。媒體管道最關心的，就是讓越多雙眼睛關注自己越好。準確來說，他們會不斷竭盡所能，爭取並留住受眾的注意力，而這也是策略行銷旅程的作用：留住潛在客戶、人才或夥伴的注意力；具體做法是提供價值，同時培養這些客戶，讓他們向你購買產品、與你互動，最後慢慢融入觀眾群體。與此同時，你也會與受眾建立起親和感，讓他們想和你攜手走完這趟旅程。

打造策略行銷旅程，可以讓你在「已經決定立刻購買」、人數極少的群體外，還有機會與其他受眾經營關係。若沒有制定，你會發現自己明明投資了一堆時間和金錢在行銷活動上，卻得不到想要的結果，因為你永遠都在等待能被立即轉換的受眾出現。

相較之下，運用媒體思維制定的旅程，能讓你與狂歡者群體（對你有興趣，但還沒打算購買的受眾）有更多互動，具體的手法是利用互惠的手法，讓對方獲得價值、學到更多東西，而你也能藉機和他們培養、建立親和感。然而，想讓狂歡者走完你安排的旅程，就必須先安排好一塊高品質的誘因磁鐵。

2. 第二階段：客戶管理

大多數媒體訪談主持人，都喜歡在結束時問來賓一個問題：「聽眾可以到哪裡獲得更多相關資訊？」提出這種問題的主持人相當大方，因為來賓可以藉這個機會將聽眾導向自己指定的地方。

然而，很多人因為急著將聽眾轉換成客戶，反而白白浪費了這個大好機會，他們會說：「你們可以到我的個人網站了解我們的服務，還可以預約免費諮詢服務。」這種話只對已準備好要付諸行動的人有效，那剩下的人呢？他們雖然還沒要和你交易，卻想了解更多相關資訊。

勸這些人購買產品前，你可以**先設法讓對方試水溫**。這種行動呼籲就是眾人常說的誘因磁鐵，也就是在問對方：「我要用什麼東西才能換到你的電子郵件信箱？」當你找到這項事物，他們就會正式成為你的車尾派對參與者。

我們將誘因磁鐵分為以下三類：

- **訂閱電子報**：這類誘因磁鐵很基本，但也有最多人使用，呈現的語句通常是「點這裡訂閱我們的電子報」或「點這裡訂閱，以獲取獨家新聞與更新」。不過你應該猜到了，這種行動呼籲的轉化率低得可憐。

- **超值優惠**：一般都會用下列文字呈現：「點這裡下載我們的白皮書／電子書／練習本／免費報告。」這種誘因磁鐵的轉換率比第一種好，但還沒建立起品牌的人做這件事的效果較差，因為第一次登陸你網站的訪客，可能並不認為你的內容有什麼價值，這種心態會縮限轉換成功率。

- **互動式內容**：帶來的投資回報最多，可以是免費小測驗、評估表，讓網站訪客透過結果獲得個人化價值（我們在第十一章討論演講時就聊過這個話題）。雜誌用小測驗吸客已經行之有年，但真正將互動式內容玩到爐火純青的平臺，肯定非 BuzzFeed 新聞網莫屬。此外，一些作者也會在書中加入互動式內容，例如湯姆・雷斯（Tom Rath）的《優勢識別器 2.0》（*StrengthsFinder 2.0*）、霍格茲海德的《你的樣貌》（*How the World Sees You*），以及凱蒂・凱（Katty Kay）和克萊爾・史普曼合著的《信心密碼》，就靠著高價值評估表，獲得成千上萬名讀者的電子郵件。

優秀的互動式線上評估表、工具或應用程式的成效之所以會如此卓越，是因為這是一種雙方絕對都能受益的價值交換。完成與內容相關的免費測驗後，你的受眾便可以收到一份個人化回饋，可能他們會藉此得知自己的退休時間在同齡群體中算早還算晚，或是了解自己是哪類型的領導者，又或是自己與哪種鄰居最合得來。除了能客製化的評估結果，他們還能免費獲得高價值內容，並用這些內容分析評估結果。

總的來說，互動式內容的轉換率，在所有誘因磁鐵中拔得頭籌。此外，互動式內容還能為你提供一項極大的優勢，就是客戶會親手奉上大量個人資料，而你可以根據這些資料，決定在漏斗中培養他們的方式。無論是向受眾傳達資訊、教育受眾或蒐集電子郵件地址，這種客戶管理的成效皆相當卓越。

然而，使用互動式內容時須注意以下三點：

- 測驗應針對個人，若是針對團隊或公司製作的評估表，效果較不理想。
- 優秀的測驗都具備明確又簡單的價值主張。
- 測驗、評估表並非調查問卷，調查問卷的目的是透過蒐集大量資料，為發起人帶來利益，而填卷人最後都會收到一句「感謝你參與此次問卷調查」。但如果你的問卷調查也能為填卷人帶來利益（例如幫助他們確認自己的核心問題，並提供不同的看法），那就另當別論。一般來說，調查問卷是一種單向的回饋機制，填卷人不會獲得任何可執行的結論；但是，優秀的評估表最後會產出高度個人化的回覆，不僅是為答題人量身訂做，還會提供背景，告訴答題人如何解讀結果並從中學習。使用評估表等於是在為潛在客戶提供解決問題的方案，而對方除了做一些初始設定以外，根本無須投資任何時間或資源。

客戶管理並非一蹴可幾，你一定要做好心理準備，隨時改變、更新、修訂，甚至淘汰無效的誘因磁鐵。當你相當熟悉自己的策略行銷旅程後，甚至可以使用多種互動式內容（每種都具備專屬的誘因磁鐵），並記錄哪些有效、哪些沒有作用。

3. 第三階段：獲取資訊

安排好策略行銷旅程的基礎誘因磁鐵後，你接下來要思考的就是：「我要從客戶身上獲取哪些資訊，以便量身打造跟進流程，為他們提供最大的價值？」

首先，你要先想想，你心目中的優質客戶應具備哪些特徵，是頭銜（如決策者）、公司收入、員工人數、對某件事感到沮喪的程度、性別還是年齡？每個人對完美潛在顧客應該具備哪些特質，都有一張「願望清單」，等你列出自己的清單後，就要設法從潛在客戶身上獲取這些資訊。

然而，如果用開門見山的方式詢問對方上述資訊，成功機率幾乎為零。但有時我們可以設計具備價值的誘因磁鐵，讓他們主動「申請」向我們透露這些資訊，如申請參加研討會、品酒會，或是僅限「內部人士」出席的高峰會。

大多時候，我們可以使用策略式問題套出這些資訊，而這正是利用測驗開發客戶的另一個神奇之處。策略式問題可以幫你取得一些關鍵訊息，讓你判斷自己的產品或服務是否適合對方。假設你心目中的優質潛在客戶的年收入落在一百萬到五百萬美元之間，那測驗裡就應該有一道問題，詢問對方的員工人數，用這種方式打聽對方的收入比較不突兀。

無論你要用一道還是三道問題，來判斷對方是否為優質客戶，都要設法將其融入測驗中，以達到獲取資訊與篩選客戶的目的。

換句話說，你不僅要利用策略行銷旅程累積受眾人數，還要知道該為哪些人優先打造跟進流程，以及誰是主場的高級客戶，而你只需要設計一份評估表，就可以達成這兩項目標。不過，有件事值得提醒，就是即便某人給出的答案不正確，也不代表他們在你的行銷漏斗中是缺乏價值的資產。隨著客戶名單人數越來越多，你會發現其中有一些人是高價值客戶，而有些人雖然不一定會和你交易，卻會將你的內容轉發給其他人，為你宣傳。

你可以將誘因磁鐵統整進你的 CRM（customer relationship management，客戶關係管理）系統中，例如 MailChimp、HubSpot、InfusionSoft，與我們偏好的 Salesforce 都是優秀的 CRM 系統；這麼一來，系統便能根據問題的答案，自動將客戶歸類。也就是說，你在第三階段從顧客身上獲取的資訊，應該要能自動觸發跟進流程。

4. 第四階段：培養

恭喜你，你的狂歡者名單又增添了一位生力軍，而你也獲得相關資料，可以好好服務對方，讓他們開始慢慢進入你的主場。你已經透過獲取顧客資訊，朝成功開發顧客邁出一大步，現在要做的就是留住對方的注意力，以免他們跑掉。

留住受眾注意力的方法只有一個，那就是持續用高品質內容吸引他們的注意力，這也是本書花這麼大的篇幅討論內容策略的原因。

除了著重於留住受眾注意力的一般長期內容策略，**成熟的客戶開發旅程還要具備一系列目標明確的跟進式內容和優惠，給潛在客戶一個理由，掏出錢包與你交易。**

假設你設計了一套自信心測驗，打算利用這項誘因磁鐵獲取受眾資訊，並將他們轉換成線上學習課程的學員，你的策略行銷旅程可能會包含：

- **第一步**：透過定向廣告行銷吸引人們的注意。
- **第二步**：提供免費自信心測驗。
- **第三步**：透過測驗獲取答題者的姓名、電子郵件、族群資料等。
- **第四步**：啟動培養流程，做法包括：

a. 提供測驗結果。

b. 一天後再提供一支影片，詳述答題者落入的分類。

c. 兩天後發出邀請函，請對方參加免費網路研討會（主題是建立自信心）。

↓如果對方報名，啟動獨立流程（提供 Zoom 資訊外加獨立跟進流程）。

↓如果對方沒報名，啟動為期五週的跟進流程，說服他們買書。

• **第五步**：如果他們買了，終止培養流程；如果他們沒買，重複所有流程。

在培養流程中，你要做的就是提供價值，再配上目標明確且令人難以拒絕的優惠。假設你提供的產品不需要耗費時間與精力（如線上課程、資訊產品），那麼規畫高效能的策略行銷旅程，基本上就等於為自己打造一臺虛擬提款機。然而，要讓策略行銷旅程臻於完美，通常都要投入大量時間與精力，很多時候，培養流程就是決定旅程是否可行的差異化因素。

5. 第五階段：銷售或再培養

當車尾派對現場的人越來越多，權威就會漸漸發揮作用，刺激轉換率。你越能展示自己的專業與經驗，受眾就會越信任你。到了這個階段，旅程的終點會是下列兩種情況之一。

第一種情況是，若受眾決定購買產品，並走進你的體育館，你就要開始思考如何鼓勵他們將正面的消費經驗分享給眾人。舉例來說，假設有人購買了你的產品，你或許可以考慮送他們一本親筆簽名的書做為謝禮。或許他們收到後會感到相當驚喜，並把這件事分享到 LinkedIn 或臉書上，將更多人帶進行銷漏斗的第一階段。

假設受眾沒有採取行動購買產品，他們依舊是車尾派對的一分子，你可以利用之前討論過的內容策略培養他們，直到對方願意買票進場為止。

錄製 Podcast，最快創造權威效應

「有沒有一件事是只要我做了，就能讓所有事情變得更簡單，或是根本不用再去做其他事？」蓋瑞．凱勒（Gary Keller）和傑伊．巴帕森（Jay Papasan）在他們合著的經典《成功，從聚焦一件事開始》中，提出了這個價值含量超高的問題（我們有機會負責這本書的行銷工作，也感到與有榮焉）。

身為領導者，我們會在碰上事業轉折點時，嘗試回答這個問題，因為得出的答案可以讓我們聚焦在高槓桿力的活動上，不僅能節省時間，還可以放大影響力。

關於內容行銷，我們認為除了寫書以外，確實有一件事可以讓所有事情變得更簡單——那就是 Podcast。為什麼？你的時間有限，是非常珍貴的資源，若你每個月只能撥出五到十個小時創造權威效應，那我們很建議你把一半的時間拿來錄製 Podcast，理由如下：

1. Podcast 訪談系列節目，是以人際關係為主體之內容的最佳模式，而這類內容是我們在本書中反覆重申的重點。

2. Podcast 可以流動到你擁有的所有管道，可以轉換成部落格貼文或社群媒體內容等。

在開始提倡 Podcast 的優點時，我們可以聽到你內心在大喊：「但是現在幾乎人人都在錄 Podcast！」

你說的沒錯，尼爾森國際市場研調公司（Nielsen）與愛迪生研究公司（Edison）等機構近期的研究發現，截至二〇二二年，全球共有超過一百萬個活躍的 Podcast 頻道，推出的集數高達三千萬集，且以一百種多語言錄製[2]。

但是，我們要你錄製 Podcast，並不是要你成為全國最大的頻道。當然，聽眾人數越多越好，但是單以人際關係為主體的內容而言，我們希望你不要把聽眾人數視為首要目標。

Podcast 的起源可以追溯至一九八〇年代，算是歷史最悠久的現代行銷模式。過去之所以沒能像現在一樣瘋狂成長，主要是因為當時人們必須坐在電腦前才能收聽。

不過，**由於藍芽技術、智慧型喇叭、行動裝置問世，再加上全球可訪問性**（global accessibility）**提升，人們使用此服務的門檻大幅降低**，再搭配眾人亟欲為自己發聲的氛圍，現在聽 Podcast 就和聽 NPR（全國公共廣播電臺）與 ESPN 一樣簡單。除此之外，Podcast 和以人際關係為主體的內容，剛好又在近年產生交集，一切都使其成為眾人目光的焦點。

雖然我們把 Podcast 放在自有媒體章節討論，但它究竟屬於自有媒體或付費媒體，眾人一直爭論不休。其實它既是自有媒體，也是付費媒體。

Podcast 的主要配銷點（distribution points）雖然位於主流媒體之外，但本質仍屬於付費媒體，這是因為像蘋果、Spotify、YouTube 這類配銷平臺，才是 Podcast 聽眾的擁有者。

與此同時，Podcast 也可以直接被配銷給自有媒體的聽眾，而且非常適合用來製作以人際關係為主體的內容。由於 Podcast 配銷位於主流媒體之外，所以想和過去壟斷播放時段的一般大型媒體一較長短，競爭受眾注意力的個人與公司便有了一個公平的角力場。

---

2 Gavin Whitner, “Podcast Statistics (2022) – Newest Data + Infographic,” musicoomph.com (Music Oomph, May 7, 2022), https://musicoomph.com/podcast-statistics/.

查閱最新的 Podcast 頻道排名，你可能會發現前幾名都被主流媒體（如NPR）、家喻戶曉的名人（如理財專家戴夫・拉姆齊〔Dave Ramsey〕、知名學者布芮尼・布朗〔Brené Brown〕），以及一些你從沒聽過、卻擁有龐大聽眾的 Podcast 主持人占據。

成功的 Podcast 可以讓你和你的事業一躍成為鎂光燈焦點，但我們認為成功與否主要取決於主持人與來賓的關係，而非聽眾人數的多寡。

不過，魚與熊掌其實可以兼得。尼爾森研調與愛迪生研究公司等機構，近期透過研究發現了一些重要數據[3]：

- 商業是第二熱門的 Podcast 類別（第一名是社會與文化）。
- 七五%的美國民眾都聽過 Podcast。
- 三七%的美國民眾每個月都會收聽 Podcast。。
- 聽眾在社群媒體管道上更活躍。
- 聽眾會與品牌建立起親和度，並因此購買產品。

而 Podcast 聽眾的年齡分布如下：

- 十八至二十四歲占一八％。
- 二十五至三十四歲占二八％。
- 三十五至四十四歲占二一％。
- 四十五至五十四歲占一五％。
- 五十五至六十四歲占一一％。
- 六十五歲以上占六％。

我們知道上述年齡數據看起來相當誘人，但這些並不是最關鍵的資訊，他們還發現 Podcast 聽眾的行動與個人教育程度與財富的關係。同一份研究指出，具備研究生身分的 Podcast 聽眾比例，也比非 Podcast 聽眾高了六八％，而聽眾年收入達二十五萬美元以上的占比，則比非 Podcast 聽眾高了四五％。

你是不是也很想觸及這群受眾？

霍格茲海德在發行《你的樣貌》時，找上我們為她推廣新書，對此我們深感榮幸。《你

3 Gavin Whitner, “Podcast Statistics (2022) – Newest Data + Infographic,” musicoomph.com (Music Oomph, May 7, 2022), https://musicoomph.com/podcast-statistics/.

的樣貌》是她的第二本書，處女作《迷人的品牌》（*Fascinate*）一出版就登上《紐約時報》暢銷書榜單，而霍格茲海德也以迷人優勢評估表（Fascination Advantage Assessment）為主題，舉辦迷人品牌之夏宣傳活動，並獲得眾多讀者的電子郵件。

和霍格茲海德第一次透過電話規畫活動時，她發表了一段讓我們震驚不已的言論。她說，雖然自己在推廣第一本書動用了許多品牌媒體，但她現在更關心微媒體，因為數據顯示，在第一本書的宣傳期間，微媒體促成的交易筆數更多。

她的迷人優勢評估表讓她對真正有效的訪談、文章或廣告有一套獨到見解。在付出同樣的時間與精力的前提下，**相較於其他行銷手法，Podcast 提供的互動機會最多。**為什麼？

Podcast 之所以能帶來這麼高的聽眾活躍度，是因為聽眾與主持人的關係。聽 Podcast 基本上和聽演講差不多，訂閱某個頻道、定期聆聽每一集節目，就好像是每週都在車上聽一場演講，這種連結催生的信任感與親和度，是其他手法無法比擬的。

無論你決定主持自己的節目，或是將 Podcast 納入外展計畫中，都一定要注意，根據我們的經驗，最佳形式的 Podcast 必須綜合下列兩項元素：為受眾提供價值，以及建立戰略型人際關係（我們之前討論過這一點）。因此，開始製作 Podcast 時，你一定要牢記以下兩項明確目標：

1. 和能幫助你的事業的人或公司，建立推播式人際關係。
2. 累積一批願意積極和節目互動的受眾，並鼓勵你原來的粉絲分享內容。

第二項目標比較難達成，但即便你只完成第一項，Podcast 依然可以帶領你的事業邁向成功。

話雖如此，經營頻道可不只是走個過場，要將 Podcast 當成你最重要的內容行銷管道，並設法讓自己成為最優秀的主持人。**很多人在剛錄製節目時都會犯一個錯誤，就是誤以為自己必須模仿廣播節目主持人，最後反而顯得不夠真誠**，只是千篇一律。

因此，請你反其道而行，釋放你內心的金卓拉．霍爾（Kindra Hall）；她是暢銷書作者、主題演講者兼說故事大師，靠著活出自己贏得大批粉絲。霍爾可說是真誠兩字的代表人物，我們推薦你到官網查看她的歷年作品[4]。

你的受眾之所以會一直追隨你，是因為他們可以與你連結。你喜歡看深夜談話節目嗎？你之所以會特別喜歡某檔節目，是因為你更喜歡該節目的主持人。你可能連來賓是誰都不

---

4 官網：www.KindraHall.com。

在意，因為你的共鳴對象不是他們。

要成為一個好的主持人，首要任務就是在訪談開始前做好功課。如果你按照我們推薦的流程，選擇與專業公司簽約，或是運用內部資源，那麼絕大部分的準備工作都可以交由員工完成。

只要多做一點深度研究，找出自己與來賓的共同點，在訪談開始時就開啟和對方建立深度連結的契機。

你們的連結可能是兩個人都愛看大學美式足球隊，或是在 LinkedIn 上有共同朋友，又或者你們都去過同一個旅遊勝地度假。如果你能在訪談之初就提出兩人的連結，便能拉近與來賓的距離、提升訪談的成效。

訪談期間請盡量放鬆，要知道，**聽眾想聽到的是兩名權威人士開誠布公的輕鬆對談，而不是按照劇本走的制式採訪。**

如果可以的話，請開闢一間「戰情室」（war room），並在裡面安裝一塊白板，寫下來賓姓名、出版過的書籍、公司名稱等相關資訊，這樣在訪談時你才不用東奔西跑，到處打聽這些細節。

製作精華短片，讓來賓「無痛」分享

誠如我們剛剛所說，Podcast 最棒的一點就是你可以在所有行銷管道分享節目內容。播出後，你要確保自己能從所有分享連結的人那裡獲得最大利益。

也就是說，**不要請來賓分享節目的 iTunes 連結，而是要在部落格發一篇新文章，將訪談節目嵌至貼文中，再請對方分享該貼文的連結**。這樣一來，聽眾就能透過連結進入你的自有媒體，而不是蘋果或其他人的不動產上。每篇貼文都要附上文字簡介、來賓履歷、重點摘要（外加分享到推特的按鈕）和行動呼籲。

想在社群媒體中擴大頻道觸及率，還有一個方法，就是將節目連結分享到 LinkedIn、臉書與 Instagram 以外的平臺，因為上述三種平臺的演算法對外部連結不太友善。你可以製作一支一到兩分鐘的重點摘要預告片，並將其當成原生內容，讓你在分享節目時能觸及更多人。

此外，在要求聽眾與來賓將節目連結分享給自己的受眾時，請盡可能做到讓對方「無痛」分享。我們認為最好的方法就是精心設計一套固定圖示，你只需要更新集數與來賓照片即可。只要你設計得好，對方就會迫不及待的分享連結。

雖然蘋果靠著 iTunes，控制了大部分 Podcast 的曝光度，但亞馬遜的 Alexa 和 Google Home，現在已經為曝光度創造了一個更分散的環境。因此，請務必將自己的節目配銷到各個管道上。

如果你平常沒有聽 Podcast 的習慣，你要做的第一件事就是下載幾集來聽，感受一下好的節目應該以什麼方式呈現。至於該如何找到優質節目，我們建議你查詢 iTunes 或 Podbay 的排名，找到相關領域的前幾名節目。如果可以的話，除了聆聽由大型媒體管道製作的節目（如 NPR），也要收聽權威人士的作品，你可能沒聽過這些主持人的名字，但通常都能從他們的節目上學到不少東西。

熟悉這項媒體後，你便可以開始思考你需要那些資源。前面已經討論過節目排程、編輯與配銷等後勤工作，你可以聘請專人為你打點這些細節，但你自己也要備妥相關設備。

如果你想走虛擬 Podcast 路線（也就是前往來賓所在地採訪對方），那至少會需要一支麥克風（Heil 的麥克風品質不錯）、麥克風前置放大器（Scarlett 的麥克風前置放大器品質不錯），以及一套錄音軟體（我們用的是 ECamm Call Recorder）。但如果你想在辦公室或大樓大廳搭建一個錄音室，那就要購買上述設備的進階版產品。

我們希望你不要為了力求完美而給自己太多壓力，優秀的節目應該以輕鬆的方式呈現，但聲音品質必須達到最高水準。我們認為好的 Podcast 是幫助公司業務成長的利器，也可以將你投資於建立權威效應的時間發揮得淋漓盡致。

最後，在本章告一段落前，我們想強調一件事：你的策略行銷旅程並不一定要十全十美，也無須設計得過於複雜。有太多領導者覺得，自己不夠熟悉數位行銷，無法設計出有效的策略行銷旅程，所以一直躊躇不決。其實，想打造一場盛大的車尾派對，關鍵就在於為受眾提供價值。

最後，我們希望你能設法持有更多車尾派對會場的土地分額（即擁有自己的媒體與受眾）。在當前的新媒體環境中，科技就像是一把雙面刃，它可以為你和受眾搭建一條暢通無阻的連接管道，也能讓第三者介入你與目標受眾之間。我們希望你無時無刻都聚焦在下列兩件事上：第一，用優秀的內容造福受眾，第二：努力引導受眾邁向你的體育館，也就是用明確且巧妙的手法，將對方帶往你的自有媒體。

我們可以給你的最佳忠告是：無論你選擇哪種媒體策略，都要先確定終點再出發。

無論你選擇用 Podcast、書籍、部落格或影片建立權威效應，內心都要有一張明確的藍圖。在和領導者闡述建立權威能帶來的影響時，我們都會問他們如何衡量自己的成功。

大多數人都明白權威品牌帶來的各種利益，但很多人不曉得如何在不同階段衡量自己的成功。很多時候，成功與失敗取決人的主觀意識和直覺，鮮少有人會透過數據分析，或是從客觀的角度去衡量成敗。

請拒絕用主觀的方式看待成敗，並制定嚴謹的衡量標準，用以檢驗建立權威的方式是否有效。

然而，對一些人來說，衡量標準並不重要，因為每個人追求權威的動機與目標都不盡相同。有人的目標是影響社會或推動某項志業，如果是這樣的話，那成功就不一定能用嚴格的標準來衡量。

然而，對某些人來說，追求權威效應是為了刺激業績成長、騰出時間與家人相處，或是一條追求個人興趣的途徑。以此為前提，檢驗成功就必須使用正確的衡量標準，並明確知道自己的目標為何。

先確定終點再出發，是史蒂芬・柯維（Stephen Covey）的暢銷書《與成功有約》（*The 7 Habits of Highly Effective People*）中，高效能人士七大習慣中的第二項。這條法則是絕對的真理，成功人士在著手某件大事時，內心一定會預設結局的畫面。我們認為所有專業人士在啟動重大計畫時，都要重視以終為始的原則。

你一定要先釐清成功的樣貌，以及自己想抵達的終點在哪裡。若什麼都不知道，又怎會知道自己對結果是否滿意？

知道終點在哪裡後，你便可以以此為基礎，打造專屬的權威宏圖。**請在權威宏圖中設置幾個檢查站，確認自己沒有偏離目標**。我們見過太多人走著走著就離開了常軌，只有設置了理性、以數據為核心的衡量標準，才有辦法回歸正途。

舉例來說，你的目標可能是要在第一年，利用權威地位開發五名新客戶。我們在本書中不斷提到一個概念，就是累積大量付費觀眾需要時間，即便是吸引受眾參加車尾派對也非一蹴可幾，但你確實可以在過程中，利用內容行銷達成開發五名新客戶的目標。

你可以在部落格中使用以人際關係為主體的內容，和潛在客戶建立關係。撰寫部落格貼文就是你拓展人際網路的工具（寫書也是），在文中或書中介紹成功人士與公司，則可以為你帶來各種機遇，他們也會更樂意協助宣傳你的文章與著作。

倘若你不知道自己在累積權威的過程中想得到什麼，便有可能投入大量時間去做一些毫無目標的事情，造成龐大的財務損失。但如果你事先設定好終極目標，再一步一步朝理想前進，那你很有可能會和許多權威人士一樣，靠著業績成長，讓付出的時間和投入的資源，得到立即且可觀的回報。

當你知道成功應該是什麼樣子，也明白自己該用那些標準去衡量成功，就表示你從起步那一刻起就在朝勝利邁進。雖然所有人的大目標都很相似，但你的願景是獨一無二的，沒有誰對誰錯。我們常說，權威扎根於你所處的產業、市場與群體，而你對自己公司與產業的目標，將決定你要聚焦於本書提及的哪種體系。

如果你想知道自己的權威宏圖應該是什麼模樣，我們很樂意為你提供相關服務。

結論
權威效應，是幸福的驅動力

創造權威效應與幸福之間有關連嗎？在建立權威的同時，我們是否真的能同時提升對生活的滿足感？

在路上隨便問一個人，他們想從生活或事業中獲得什麼，大多數人都會回答：「我想要幸福。」而這個答案則會帶出另一個問題：「幸福是什麼？」這個許多人終其一生都在追尋的虛幻概念，究竟是什麼？

其實幸福和成功一樣，定義因人而異。幸福的定義有無限多種，沒有一種適用於所有人；當每個人的幸福終點站都位於不同地方時，繪製一張通往幸福的地圖，就成了一道棘手的難題，有些人連幸福是什麼都搞不清楚。

在創業的旅途上，我們花了大量時間思考這兩個問題：「幸福是什麼？幸福的驅動力是什麼？」若我們知道是什麼在驅動幸福，就能知道要將注意力和時間聚焦在哪些事物上。

因此，我們在各自的職業生涯中，總結出五項幸福驅動力：

1. **學習與成長：**你可能聽過一句俗話：「一個人不是走在成長的路上，就是在邁向死亡的路上。」這世界上沒有所謂的「維持現狀」，在人生的旅程上，你不是在前進、就是在後退；永遠都在學習與成長的人，總是活得更充實，你可以學習新技能、閱讀新書、投入新的職業，或是提升自己的知識水平。專注於職業與個人發展的人，通常都是最幸福的群體，對生活的滿意度也最高。由於學習與成長驅動幸福的效果太過卓越，我們兩人身處的創業家協會甚至將此訂為組織的使命宣言。

2. **掌控自身命運：**最叫人絕望與氣餒的，莫過於無論再怎麼努力，依舊無法改變的結局。創造權威效應等於給自己一個以小博大的機會，自行決定要將時間投資在哪些事物上，以及要在哪些領域發揮影響力。即便你現在身處的環境不允許你揮灑熱忱，但只要堅持累積受眾、打造自有媒體，就能去到你內心嚮往的任何地方。

3. **靠努力贏得成功：**

比起不勞而獲，靠努力達成目標，不僅能使人感到心滿意足，也更有意義。請回想自己在求學時期修過的某門課，因為課程很難，你每天晚上都花很多時間讀教材，甚至加入了讀書會，最後終於在大考中高分過關，並讓你體驗到成功與滿足的感受。

接著，再回想一些即使每堂都打瞌睡也能拿到高分的課。相較於必須刻苦學習才能精通的課程，不用努力就能拿高分的科目，根本就無法帶來相同的滿足感。也就是說，不是所有高分都有一樣的意義，只有靠努力贏得的成功才會使人感到自豪、滿足，不勞而獲的事物根本毫無成就感可言，只會令人感到理所當然。

4. 優質的人際關係：人生並非全由職場人際關係組成，生活的各個面向都有重要的人際關係，例如與父母、配偶、重要對象、子女、同事、朋友的關係等。無論你最重視哪一段，都一定要花時間與精力去維護，擁有越多優質關係，往往能活得更幸福。當你和某些人（可能是家長、主管或住你隔壁的情侶）的關係非常緊繃，或是常與對方起爭執，那只會為自己的生活徒增摩擦與挫折。劣質的關係還會使人感到憤怒、增加壓力，有時甚至會倍感悲傷，這些感受恰恰是幸福的相反面。

5. 對未來抱持樂觀心態：對未來抱樂觀心態，就是對即將發生的事情懷抱希望。當一個人對事物不再有期待，這種生活還值得過嗎？你可能盼望過上獨立的生活、進入夢寐以求的產業，或是與某人墜入愛河、生兒育女。等孩子長大後，你還可以再期待孫子來到世上。當你想起某件事時，臉上會泛起微笑，那這件事就是你對未來的盼望。貓王艾維斯・普里斯萊（Elvis Presley）曾說：「幸福就是有個人可愛、有件事可做、內心有個盼頭。」我們可不打算反駁搖滾之王的看法。

對我們來說，以上這五件事就是幸福的驅動力。回首自己成為權威人士、創造權威效應的旅途，我們赫然發現自己也是在打造屬於自己的幸福！

簡而言之，只要你肯下定決心成為自身領域的領導者與專家，並將時間與資源投資到建立權威效應上，那你一定也能成為一個幸福的人。假設你希望我們多花些篇幅說服你，那麼請聽我們一層一層向你剖析：

・學習與成長

如果你是領域內的權威人士（對自家產品或服務瞭如指掌的專家），那就更要持續學習，累積相關知識。你今天是專家，不代表明天還是專家，唯有持續學習、成長，學著適應瞬息萬變的市場與世界，才能永遠站在頂峰。你在二〇〇〇年代初期可能是最聰明的科技達人，但如果不願意持續學習、成長，那麼到了二〇二三年，你一定會被市場棄若敝屣。

所以，當你下定決心要成為權威人士，也代表你決定要終生不斷學習與成長。

・掌控自身命運

成為眾人追隨的權威人士，代表你將擁有更多選擇，而當你擁有更多選擇，就表示你更能掌控自己的命運。富人與窮人都有各自的問題，事實上，這兩類人面臨的問題很多時候都很相似，差別在於富人有更多解決問題的選項。同理，當你成為業界專家時，你也會擁有更多選擇，因為你現在是眾人競相邀約的對象，可以選擇與哪些人交流來實現自己的目標。只要你一開口，大家就會靜下來聽你說話。你的一言一行都能影響他人，在大眾眼中，你是值得信任的顧問，而不是向人兜售產品的售貨員。上述所有優勢賦予你更多控制權，讓你能夠決定自身與公司的命運。

・靠努力贏得成功

你不可能像變魔術一樣，在一夜之間成為眾人眼中的思維領導者。世上沒有神奇的藥水或速成公式，可以讓人搖身一變成為權威人士，雖然大家內心都盼望著一步登天，但我們認為比起結果，努力的過程更能令人感到滿足。當你成為眾人追隨的領導者與專家，這種成就感一輩子都不會消失。

在你踏上建立權威的漫長征程時，就注定要付出大量的時間與精力，才能成為一名思維領袖。或許你的目標是登上《富比士》，或是成為CNBC的撰稿人。也有可能你期許自己某天能登上最盛大的產業會議舞臺，向臺下的觀眾發表演講。這些都是你想達成的目標，而權威可以幫助你實現夢想，使你在一眾競爭者中脫穎而出。布倫南曾說：

我與競爭者的不同之處，就是我敢於率先站出來表達意見並有所作為，無論是哪種形式都可以。可能是寫書、錄Podcast、張貼社群媒體貼文，或是廣發公司季度報表。這麼一來，無論是街上的路人或客戶都會說：「我們應該聽聽這位女士的意見，她很內行，而且跟別人不一樣，因為她真的很用心為所有人提供免費的資訊。」我始終堅信我們不是在跟錢打交道，而是在和人打交道。

・優質的人際關係

讀到本書的最後一章，你應該很清楚我們的思考邏輯，但建立權威效應能如何為你創造更優質的人際關係？首先，優質人際關係與權威效應的關聯並不是這麼明顯，原因有二：第一個原因和媒體思維有關：抱著不求回報的心態向受眾提供價值，便能吸引到更多機遇與更好的人。

此外，我們認為權威指數越高，你在旁人的眼中就越有吸引力。假設你在路邊立了一面看板，上面寫著「免費贈送小狗」，一定乏人問津。但如果看板上寫的是「販售小狗，五百美元」，大家都會下車一探究竟。

當你成為權威人士、名氣越來越大時，就會有越多人圍在你身邊打轉。我們的老朋友丹・甘迺迪是行銷界大師，他說：「當你站上食物鏈的頂端，眾人花大錢請的就是你這個人，而不是請你來做事。」請仔細想一下這句話，並思考看看，你覺得誰能花大錢請你這個人？一般來說，能花大錢的都是跟你有戰略合作關係的人。你的權威值越高，影響圈的層級也就越高，便能打進更高階的圈子。進入這些圈子後，你的人際關係也會更上一層樓。

信不信由你，一些與我們合作過的作者說，自從他們成了領域內的權威人士後，自己與親朋好友的關係都改善了。

- **對未來抱持樂觀心態**

樂觀的未來，其實也可以建立在權威之上，當你成為眾人推崇的思維領導者、辦公室外擠滿想與你合作的人、眾人爭先恐後，想和剛發表完演講的你說上兩句話時，這種生活不但充滿樂趣，也會使你成為專門吸引機遇的磁鐵。只要生活中充滿機遇，你自然也會對未來抱持樂觀態度，而當你越常向他人伸出援手，人生就會變得越發富足與充實。

在本書結束前，我們想解釋一下，為什麼我們提出的所有觀點都是重點。沒錯，本書主旨是要交給你一張權威宏圖，讓你可以建立、推銷自身權威，讓你在自身領域獲得競爭優勢，發揮更大的影響力。然而，成功只是達到目的的手段，大多數人真正的目標是過上幸福的人生。

在檢視這五大驅動力時，我們也發現了創造權威效應的真實力量。我們相信創造權威效應，會是你為將來做出的決定中，最棒也最令人滿足的一個，而現在就是你下定決心的最佳時機。世界從未停下改變的腳步，媒體環境也不停轉變，曾經被企業媒體巨頭牢牢纂住的權力，現在已經被下放到人們手中，造福那些知曉運用之道的人，而現在你也明白個中道理了。

在過去，只有王權與主流媒體能決定誰有權威，如今所有人都可以透過造福他人，來為自己建立權威，而企業主、創業者、高階主管與思維領導者，也能藉此在競爭中脫穎而出，快速取得顧客或客戶建立的信任，用每一個小成功創造更大的成功。

你現在已經掌握了相關知識，可以開始利用新的媒體環境創造優勢，也知道如何規畫、實踐自己的權威宏圖。每個人對成功的定義都不一樣，這正是權威效應的成效如此卓越的原因。權威效應不僅具備適應能力、可以客製化，還能忠實呈現一個人的本質與能力。無論你對成功的定義為何，我們都希望本書能在一路上支持著你。祝你成功。

關於作者

亞當・維蒂

亞當・維蒂是富比士出版社（富比士媒體旗下的圖書出版品牌，也是《富比士》雜誌出版商）的創辦人兼執行長。維蒂一開始將家中閒置的房間改裝為辦公室，如今富比士出版社儼然成為全球最受人推崇的獨立商業圖書出版社，合作過的作者人數高達兩千多人，遍布美國四十四州與其他十四個國家。

權威媒體與同名品牌權威出版社成立於二〇〇五年，專門為企業執行長、創業者與領導者提供公關、Podcast、數位媒體與連載內容服務。二〇一六年，權威媒體與富比士共同成立富比士出版社。

維蒂曾於二〇一一年登上《公司》網站「三十位三十歲以下全美最酷的創業者」名單，而權威媒體在過去八年間，有六年都被選入《公司》全美五百強及五千強名單[1]。維蒂一共

1 五千強根據收入成長率，列出美國成長最快的五千家私人公司；五百強則指五千強名單中，排名前五百的公司。

寫過五本書，也接受過《今日美國》、《投資人商務日報》、《華爾街日報》、ABC與福斯電視臺採訪。此外，他還是「權威媒體」的全球領先專家，分別與謝爾頓和行銷界傳奇人物丹・甘迺迪共同撰寫了《權威行銷》與《寫作成交》（*Book the Business*）。維蒂在二〇二一年，與波音民用飛機集團兼福特汽車公司前執行長穆拉利一起出版了新書《無情執行》（*Relentless Implementation*）。

維蒂是《富比士書評雜誌》（*Forbes Books Review Magazine*）出版商、鷹級童軍（Eagle Scout）、創業家協會與青年總裁協會的成員，也是克萊門森大學斯皮羅創業學院（Spiro Institute）與非營利組織南卡羅來納州青年創業組織（Young Entrepreneur）的前董事會主席。

維蒂的太太艾琳（Erin）和兒子艾利斯（Ellis）非常喜歡他們居住的城市查爾斯頓，家中養的「凶貓貓」胡桃派（Pecan Pie）長得跟加菲貓（Garfield）很像。

你可以在 awitty@forbesbooks.com 上找到維蒂的聯絡方式，也可以到 AdamWitty.com 或 books.forbes.com 查看更多相關資訊。

魯斯蒂・謝爾頓

謝爾頓的第一次演講就在哈佛大學，主題為行銷與公關的變革，那年他才二十三歲。

謝爾頓是暢銷書作家、專業主題演說家，也是一名成功的創業家，致力於協助領導者們培養聚焦於影響、而非自我的思維式領導力。他出版過三本廣受好評的著作，也前往世界各地，向形形色色的聽眾發表演講（包括青年總裁協會與富比士）。謝爾頓是席爾科媒體（Zilker Media）的創辦人兼董事長，席爾科媒體位於德州奧斯汀，致力於為客戶打造以人為本的品牌，也是富比士出版社的戰略合作夥伴。

他的演講風格幽默風趣，舉的例子明確，目的是挑戰人們對打造個人品牌的定見。謝爾頓以說故事的能力、坦率的態度，以及實際又有成效的指導風格見長，教領導者如何發揮影響力，在這個充滿懷疑的世界取得信任。

他曾與史提夫．富比士與穆拉利同臺，也曾在青年總裁協會、創業家協會、西南偏南跨界展會（SXSW Interactive）、德州大學與財星一千強企業等機構與場合上演講過。除此之外，他也是哈佛醫學院繼續醫學教育課程的教師。

謝爾頓與維蒂共同撰寫的書為《權威效應》和《權威行銷》（*Authority Marketing*，由富比士出版社於二〇一八年出版）。此外，謝爾頓還與亨利克斯合著《把握新媒體格局》。

謝爾頓是德克薩斯長角牛橄欖球隊的鐵粉，也是德州大學校友會公關委員會成員，亦是奧斯汀創業家協會的董事會成員。他目前與妻子佩姬、三名子女路克（Luke）、布萊迪（Brady）、莎蒂（Sadie），以及永遠靜下來的拉不拉多查理（Charlie），居住在奧斯汀西部的斯派斯伍德，他的興趣包括打高爾夫、釣魚，以及擔任兒子學校體育隊的教練。此外，謝爾頓也是特拉維斯湖「老頭」腰旗美式足球隊的四分衛。

他的電子信箱為 rusty@zilkermedia.com，你也可以至 RustyShelton.com 或 www.ZilkerMedia.com 了解更多相關資訊。

謝辭

首先，我要感謝所有讓本書得以出版的人。

我要感謝另一位作者謝爾頓，他同時也是我的工作夥伴兼好友，你是一名有耐心又優秀的行銷教師，教育出的學生不計其數，我非常喜歡與你合作。

我還要感謝參與這項計畫的富比士出版社專業同仁，你們用自身的專業能力成就了這本書。感謝明迪・柯德爾（Mindy Cordell）、喬爾・舍勒特（Joel Schettler）、喬爾・坎菲爾德（Joel Canfield）、勞拉・拉許利（Laura Rashley）、希斯・艾利森（Heath Ellison）、衛斯理・斯特里克蘭（Wesley Strickland）、馬修・摩爾斯（Matthew Morse）、史提夫・艾利薩爾德（Steve Elizalde）、柯林・福斯特（Corrin Foster）、貝絲・拉瓜迪亞（Beth LaGuardia），我由衷敬佩並感謝你們。

接下來，我要感謝一路上成就我的人。

感謝我美麗的妻子艾琳，還有我的兒子艾利斯，你們是我生命中最重要的人，也是我最大的支持者。我要對我的父母約翰・維蒂（John Witty）和蘇珊・維蒂（Susan Witty）說聲謝謝，感謝你們這些年來以身作則，為我的人生鋪下了完美的基石。

衷心感謝每一位權威媒體與富比士出版社的團隊夥伴，你們讓我的每一天都充滿歡樂。也謝謝你們與我攜手合作，一起培養創業者與企業，造福全天下的人。特別感謝一路上支持我的曼寧、哈尼什、安德魯．舍曼（Andrew Sherman）、馬克．里察森（Mark Richardson）、梅爾曼．史考特與柯林特．格林利夫（Clint Greenleaf）。

最後，我想感謝我的人生導師威廉斯、丹．甘迺迪與穆拉利，過去這二十年來，我在你們身上學到的東西實在太多了

一直以來，我的人生座右銘都是：「人生只有一次，但只要活得精彩，一次便足矣。」我很感謝為我的生活帶來正面影響，並鼓勵我分享、給予並造福大眾的人們。有了上帝的恩典，我將持續付出。

——亞當．維蒂

我這一生過得十分順遂，這些年來身邊也有很多人給予我愛、智慧與支持，可謂相當幸運。

我首先要感謝太太佩姬為我付出的愛情與恩情，妳永遠都排在我感謝名單的第一位。謝謝妳為我及這個家所做的一切。我的人生因為有妳才有這麼多樂趣。

感謝我的大兒子路克，謝謝你讓老爸感到驕傲。你是個天生的領導者，往後的日子裡，

你勢必會成就一番大事，我等著看你征服整個世界。請繼續釣魚、蓋房子、追逐自己的夢想，我已經等不及要當你的啦啦隊了。

給我那集幽默、善良與情商於一身的小兒子布萊迪，你的存在是所有人的福氣，也是我跟媽媽的驕傲。謝謝你陪我一起打高爾夫球、玩美式足球、釣魚和四處探險。我很期待能在你成長的路上與你攜手共創更多回憶，你的未來勢必精彩萬分。

我的女兒莎蒂是上帝的恩賜，也是照亮身邊所有人的一道光。妳是這麼活潑動人，我簡直迫不及待要看妳如何展開自己的人生。我跟媽媽都很感謝妳的到來，也期許妳的未來璀璨而明亮。

我要感謝我的父母，沃特（Walt）和羅克珊（Roxanne），你們是我生命的基礎，這些年來為我的付出了太多。父親一直都是我的榜樣，也是我人生中的指路明燈；母親不僅奠定了我的性格，也造福了身邊所有的人（特別是我）。我這個普通的德州男孩能擁有的最佳父母，就是你們了，因為有你們，我才有自信。

感謝我的姐姐科特妮（Courtney），妳是我見過最勇敢的女人。妳透過工作影響了許多人，但對我來說，妳最優秀的地方就是完美演繹了媽媽、姐姐跟妻子的角色。感謝我的姐夫查德（Chad），你就像我的大哥一樣，你不知道我對你的感激之情有多深。

感謝席爾科媒體的每一位成員，謝謝我的夥伴——席爾科媒體執行長佩姬·維拉奎茲·

巴德（Paige Velasquez Budde），妳是我見最有才幹的領導者。妳在過去這幾年間，終於開始擁抱自身天賦，能親眼見證此過程是我的榮幸。能與妳和喬丹（Jordan）共事並共享舞臺，是人生一大樂事，我很期待在接下來的日子裡與你們一起打造全球最優質的顧問公司。

感謝我的人生導師兼席爾科媒體合夥人格林利夫，謝謝你為我開啟通往生活與事業的大門，對此我銘感五內。感謝L團隊的派蒂・康拉德（Patti Conrad），謝謝妳讓我一直待在正軌上，阻止我犯錯；感謝謝爾比・詹那（Shelby Janner）選擇相信席爾科媒體，並為其描繪願景，妳真是酷斃了；感謝妮可・威廉森（Nichole Williamson）總是逗我開心，現在妳也成了一名優秀的領導者了。感謝席爾科媒體的整體團隊，我由衷感謝和我同甘共苦的每位成員。

感謝這本書的另一位作者——我的好友維蒂，你是完美的作者兼商業合作夥伴。謝謝你無私的為我創造各種機遇，我想我們將來還能共創更多佳績。

感謝富比士出版社團隊的成員柯德爾、拉許利、摩爾斯、斯特里克蘭、坎菲爾德、艾利薩爾德、福斯特，與所有參與本書創作的人。感謝你們無盡的耐心與無與倫比的專業，因為有你的幫助，我們才能完成這項計畫，期盼此書能影響眾多讀者的人生。謝謝富比士出版社的整體團隊，我很高興過去七年間能和你們共事，你們擁有滿滿的天賦與團隊精神。在打造這間公司的路上，我何其有幸能與你們成為朋友，謝謝你們。

感謝我的合夥人兼好友尼克・奧特（Nick Alter），謝謝你一路上不斷挑戰我，也和我並肩作戰、一起創立了好幾間公司。

最後，我要感謝這些年來幫助過我的人生導師，包括麥克・歐登（Mike Odom）、羅比・沃豪斯（Robbie Vorhaus）和我的寫作搭檔兼好友亨利克斯，謝謝你們願意將時間與精力投資在我身上。

——魯斯蒂・謝爾頓

國家圖書館出版品預行編目（CIP）資料

權威效應：沒見過面，為什麼他說的話你都信？富比士出版社執行長親授，如何傳遞訊息，你說的話大家都信。／亞當・維蒂（Adam Witty），魯斯蒂・謝爾頓（Rusty Shelton）著；朱家鴻譯 . -- 初版 . -- 臺北市：大是文化有限公司，2024.03

288 面；17 × 23 公分 . --（Think；277）

譯　自：The Authority Advantage: Building Thought Leadership Focused on Impact Not Ego

ISBN 978-626-7377-76-5（平裝）

1. CST：領導理論

541.776　　112014650

Think 277

權威效應

沒見過面，為什麼他說的話你都信？
富比士出版社執行長親授，如何傳遞訊息，你說的話大家都信。

作　　者／亞當・維蒂（Adam Witty）、魯斯蒂・謝爾頓（Rusty Shelton）
譯　　者／朱家鴻
責任編輯／李芊芊
校對編輯／楊　皓
美術編輯／林彥君
副總編輯／顏惠君
總 編 輯／吳依瑋
發 行 人／徐仲秋
會計助理／李秀娟
會　　計／許鳳雪
版權主任／劉宗德
版權經理／郝麗珍
行銷企劃／徐千晴
業務專員／馬絮盈、留婉茹、邱宜婷
行銷、業務與網路書店總監／林裕安
總 經 理／陳絜吾

出 版 者／大是文化有限公司
臺北市 100 衡陽路 7 號 8 樓
編輯部電話：（02）2375-7911
購書相關資訊請洽：（02）2375-7911 分機122
24小時讀者服務傳真：（02）2375-6999
讀者服務E-mail：dscsms28@gmail.com
郵政劃撥帳號：19983366　戶名：大是文化有限公司

法律顧問／永然聯合法律事務所
香港發行／豐達出版發行有限公司 Rich Publishing & Distribution Ltd
地址：香港柴灣永泰道70 號柴灣工業城第2 期1805 室
Unit 1805,Ph .2,Chai Wan Ind City,70 Wing Tai Rd,Chai Wan,Hong Kong
Tel：2172-6513　Fax：2172-4355
E-mail：cary@subseasy.com.hk

封面設計／高郁雯
內頁排版／陳相蓉
印　　刷／韋懋實業有限公司
出版日期／2024 年 3 月初版
定　　價／新臺幣 420 元
I S B N／978-626-7377-76-5（平裝）
電子書ISBN／9786267377956（PDF）
9786267377949（EPUB）

Printed in Taiwan